积极心理学视域下高职生职业人格培养

桂百安◎著

北京工业大学出版社

图书在版编目（CIP）数据

积极心理学视域下高职生职业人格培养 / 桂百安著 . —
北京：北京工业大学出版社，2021.10 重印
　ISBN 978-7-5639-6476-5

　Ⅰ . ①积… Ⅱ . ①桂… Ⅲ . ①职业道德—教学研究—
高等职业教育 Ⅳ . ① B822.9

　中国版本图书馆 CIP 数据核字 (2018) 第 302596 号

积极心理学视域下高职生职业人格培养

著　　　者：桂百安
责任编辑：郭佩佩
封面设计：点墨轩阁
出版发行：北京工业大学出版社
　　　　　（北京市朝阳区平乐园 100 号　　邮编：100124）
　　　　　010-67391722（传真）　bgdcbs@sina.com
经销单位：全国各地新华书店
承印单位：三河市元兴印务有限公司
开　　本：787 毫米 ×960 毫米　1/16
印　　张：10.75
字　　数：215 千字
版　　次：2021 年 10 月第 1 版
印　　次：2021 年 10 月第 2 次印刷
标准书号：ISBN 978-7-5639-6476-5
定　　价：36.00 元

前 言
PREFACE

　　随着中国经济的不断发展，社会对人才的需求不断增加，在国家大力支持教育事业的当下，高职教育也得到了飞速发展。为了满足用人单位的需求，高职生的数量呈现出逐年递增的趋势，相对于本科生来说，高职生的优势在于其学习更注重职业技能的培养，所以高职生毕业后能快速地投入生产实践中。从目前市场的需求来看，对高职生的需求量要远大于对本科生的需求量，同时高职生也受到了用人单位的普遍认可。但是，高职生普遍存在自信心不足的问题，这是由多方面的原因造成的，因此学校应该在讲授技能知识的同时注重高职生职业人格的培养，培养他们形成积极的人格。

　　人格是人类心理特征的统一体，是一个相对稳定的结构组织，并在不同时间、地域下影响着人的内隐与外显的心理特征和行为模式。所谓高职生职业人格是指高职生基于自身发展规律和社会发展要求，为适应未来职业发展需要而不断生成和发展的积极的心理品质或个性特质。只有具备积极的心态、健全的人格，高职生才能更快地适应环境，从而提升自己的职业能力。重视职业人格培养，不仅有助于高职生职业态度、职业道德素质、职业情感等非智力因素的开发，还是对高等职业教育"人格本位"发展趋势的积极回应。

　　那么，如何培养高职生的职业人格呢？积极心理学的相关理念无疑会对培养其积极人格有重要的启示。积极心理学以学生的积极品质为出发点和归宿点，

通过增加学生的积极体验来，培养学生的积极人格。它强调关注人内心的积极力量，主张心理学要以人实际的、潜在的、具有建设性的力量、美德和机能等为出发点，提倡用一种积极的方式对人的心理现象做出新的解读，并在这一过程中寻找到可以帮助所有人在良好条件下获得自己应有幸福的各种因素。

本书从积极心理学及其人格理论、高职生职业人格基本内涵及积极心理学视域下高职生职业人格培养策略出发，分别论述了高职生人生观培养、高职生价值观培养、高职生幸福观培养、高职生品格培养、高职生心理韧性培养、高职生人际关系培养及高职生职业素质培养。对高职生而言，拥有积极的人格将影响其一生的生活和幸福，因此学校应该充分挖掘和激发高职生的积极潜质和积极力量，以促进高职生的健康发展和人格成长。

作者在写作本书的过程中，花费了大量时间，翻阅了大量资料，并就有些问题咨询了相关专家，以求提高本书的价值。但是，由于作者能力有限，本书难免存在一些不足之处，希望广大读者批评指正。最后，诚挚地感谢在本书写作过程中给予作者帮助的广大亲友！

作　者

2018年5月

目 录
CONTENTS

第一章 积极心理学与高职生职业人格培养 …………………………………1

第一节 积极心理学概论 ………………………………………………2

第二节 积极心理学的人格理论 ………………………………………8

第三节 高职生职业人格基本内涵 ……………………………………9

第四节 积极心理学视域下高职生职业人格培养策略 ………………13

第二章 积极心理学视域下高职生人生观培养 ……………………………21

第一节 人生观与人生观教育 …………………………………………22

第二节 创新高职生人生观教育的必要性 ……………………………27

第三节 积极心理学视域下高职生人生观教育的培养策略 …………29

第四节 积极心理学视域下高职生人生观教育的相关理论 …………33

第五节 积极心理学视域下高职生人生观教育途径 …………………38

第三章 积极心理学视域下高职生价值观培养 ……………………………43

第一节 价值观与价值观培养 …………………………………………44

第二节　高职生价值观培养与积极心理学的相融性 …………………49

第三节　积极心理学视域下高职生价值观的培养策略 …………………52

第四章　积极心理学视域下高职生幸福观培养 ………………57

第一节　幸福与幸福观 ………………………………………58

第二节　幸福观教育与幸福能力分析 …………………………63

第三节　积极心理学视域下高职生幸福观教育路径 …………………69

第五章　积极心理学视域下高职生品格培养 ………………77

第一节　品格及品格教育 ……………………………………78

第二节　积极心理学引入品格教育的必要性及可行性 …………………82

第三节　高职生品格教育的现状及面临的困境 …………………86

第四节　积极心理学视域下高职生品格教育路径 …………………92

第六章　积极心理学视域下高职生心理韧性培养 ………………99

第一节　心理韧性与坚韧性人格 …………………………100

第二节　高职生坚韧性人格现状及其成因分析 …………………107

第三节　积极心理学视域下高职生坚韧性人格的培养 …………………110

第七章　积极心理学视域下高职生人际关系培养 ………………121

第一节　高职生人际关系的特点、类型及问题分析 …………………122

第二节　积极心理学视域下高职生人际关系教育 …………………132

第八章　积极心理学视域下高职生职业素质培养 ………………139

第一节　高职生职业性格培养 …………………………140

第二节 高职生职业兴趣培养 ……………………………… 145

第三节 高职生职业动机培养 ……………………………… 148

第四节 高职生职业态度培养 ……………………………… 153

第五节 高职生职业道德培养 ……………………………… 158

参考文献 ……………………………………………………… 163

第一章 积极心理学与高职生职业人格培养

职业人格是一个人为适应社会职业所需要的稳定的态度，以及与之相适应的行为方式的独特结合，由个人的生活环境、所受的教育以及所从事的实践活动的性质所决定。健全的职业人格是人们在求职和就业后顺利完成工作任务，适应工作环境的重要心理基础。

从积极心理学的视域出发，探索高职生积极职业人格养成的有效途径，不仅有利于高职院校进行职业素质教育，培养合格的高级技能应用型人才，还有利于高职生的成才立业。

第一节 积极心理学概论

"积极"一词源于拉丁语positum，含有"实际的"和"潜在的"意义，在积极心理学视域中，意指每个人所具有的实际的和潜在的能力。谢尔顿（K. M. Sheldon）和劳拉·金（Laura King）对积极心理学所做的定义揭示了其本质特点，"积极心理学是致力于研究人的发展潜力和美德等积极品质的一门科学"。换句话说，积极心理学就是利用心理学目前已经比较完善和有效的实验方法与测量手段来研究人类力量和美德等积极方面的一个心理学思潮。积极心理学研究的对象是处于平均水平的普通人，它用一种更加开放、欣赏性的眼光来看待和理解人类的潜能、动机及能力。

一、积极心理学的基本内容

目前，关于积极心理学的研究主要集中在创造力与天才的培养、积极的人格特征、积极的情绪和体验、积极的情绪对健康的影响等方面。

（一）关于创造力与天才的培养

随着积极心理学的兴起，关于创造力和天才培养的研究蓬勃发展起来。对于创造力是先天形成的还是后天培养的这一话题，埃里克森通过研究提出了自己的观点：创造力源于普通认知过程，更多的是培养出来的而非与生俱来的才能。关于天才的研究表明，天才在自己具有天赋的领域有很强的成就动机和坚持性，而天才的产生与父母和家庭环境有很大关系，天才通常是在富裕并有丰富的智力或艺术刺激的家庭中产生的。那么，该如何培养创造力和天才呢？有很多研究者提出了自己的培养方案。例如，关于创造力的生理激活，有人从脑机制方面进行了实验研究，发现在完成发散思维任务时，高创造性被试两侧额叶都被激活，而低创造性被试只有单侧被激活。因此，可以借助发散思维任务激活人的创造力。

（二）关于积极的人格特征

在积极心理学中，关于积极的人格特征的研究成果主要有以下几个方面。

①关于积极的人格特征与消极的人格特征的区分。希尔森和马里在问卷研究的基础上将积极的人格特征与消极的人格特征进行了区分，认为积极的人格特征中存在两个独立的维度：一是正性的利己特征，主要是指接受自我、具有个人生活目标或能感觉到生活的意义、感觉独立、感觉到成功或者是能够把握环境和环境的挑战；二是与他人的积极关系，主要是指当自己需要的时候能获得他人的支持，在别人需要的时候自己愿意并且有能力提供帮助，看重与他人的关系，并对于已达到的与他人的关系表示满意。积极的人格有助于个体采取更为有效的应对策略，从而更好地面对生活中的各种压力。

②关于积极个性特征中的"乐观"的研究。在积极的个性特征中，引起较多关注的是乐观，因为乐观能让人更多地看到好的方面。当然，乐观有时会产生"乐观偏差"，即判断自己的风险要比判断他人的风险小，盲目乐观而不够现实。这样就产生了矛盾：现实主义会提高成功适应环境的可能性，而乐观则会使我们有比较好的主观感受。为了解决这一矛盾，桑德拉·施奈德讨论了一种"现实的乐观"，认为"现实的乐观"与现实并不相互抵触，因为从原则上说，人们能够做到乐观而又不自欺。这种"现实的乐观"是积极心理学很好的注解：使生活更加富有意义。

（三）关于积极的情绪和体验

当前，关于积极的情绪和体验的研究成果主要有以下几个方面。一是弗雷德里克的"拓延—构建理论"。他认为某些离散的积极情绪，包括高兴、兴趣、

满足、自豪和爱，都有拓延人们瞬间的知行的能力，并能构建和增强人的个人资源，如增强人的体力、智力、社会协调性等。二是积极情绪之间的关系。积极情绪并不是完全分离的，众多积极情绪之间具有很强的相关性和一致性。三是对于主观幸福感的研究。现在对于主观幸福感的研究引起了越来越多的研究者的兴趣，他们大部分研究集中在生活事件和人格因素对于主观幸福感的影响这一领域，也有一部分是金钱与主观幸福感之间关系的研究。四是关于"快乐"的研究。快乐也是积极心理学的重点研究方向之一，很多研究者从不同角度对其进行了研究。博米尔斯基通过比较那些快乐的人和不快乐的人发现，他们在认知、判断、动机和策略上都有所不同，并且这种不同经常是自动化的，并未被意识到。不快乐的人对与他人比较的信息比较敏感。同时，研究者对快乐与金钱的关系、快乐与信仰的关系以及快乐随社会的发展而有所变化的关系等也有不少研究成果。

（四）关于积极情绪与健康的关系

耶鲁大学的心理学家彼得·沙洛维讨论了情绪和健康的关系。他指出，在这个研究领域中，大多数研究都偏向于病理性质，因此对于情绪和健康的了解大多局限于负面情绪是如何导致疾病的，而对于积极情绪是如何增进健康的知之甚少。由于积极情绪和消极情绪呈负相关，他认为用前者代替后者将会有预防和治疗疾病的效果。他的研究包括情感对生理和免疫系统的直接影响及间接影响。积极的心理和情绪状态对保持或促进健康有很大的意义。在面对压力时，常处于积极情绪状态的人更不易生病；而对于病人，那些处于积极情绪的人更愿意接受医生的建议、配合治疗并进行锻炼。

二、积极心理学的研究意义

积极心理学的核心思想在于强调人本身所固有的积极因素，强调人的价值与人文关怀，主张心理学的研究要以人实际的、潜在的、具有建设性的力量、美德和善端为出发点，用积极的心态对人的心理现象做出新的解读，寻找其规律，从而激发人自身内在的积极力量和优秀品质，并利用这些积极力量和优秀品质来帮助普通人或具有一定天赋的人最大限度地挖掘自身的潜力并获得幸福的生活。

积极心理学自诞生以来对心理学的发展产生了巨大影响，主要表现在以下几个方面。

（一）扩展了心理学的研究对象

在过去的近一个世纪中，由悲观主义人性观所决定的消极心理学研究模式在心理学研究中占据了主要地位。特别是"二战"以后，西方心理学家把研究重点放在了心理问题上，心理学便成了专门致力于纠正人生命中所存在的问题的科学，如心理障碍、婚姻危机、毒品滥用和性犯罪等。塞利格曼认为，这种消极的心理学偏离了心理学的主要使命——使普通人生活得更有意义和幸福，其过分关注"问题"而忘记了人类自身所拥有的积极力量和品质，背离了心理学存在的本质意义。

积极心理学坚持积极的价值观取向，认为人的生命系统是一个开放的、自我决定的系统，它既有潜在的冲突，又有自我修复、完善和不断发展的能力。积极心理学还认为个体一般都能决定自我的最终发展状态，并能过上一种相对满意、有尊严的生活。因此，其致力于对人的积极认知过程、积极情绪体验、积极人格特点、创造力与人才培养等问题的研究，致力于探索人类获得美好生活的途径与方法。

（二）发展了心理学的研究方法

一方面，积极心理学在研究方法上继承了西方主流心理学的实证主义方法论，借助了主流心理学在其发展过程中所积累的一些方法，如实验法、量表法、问卷法和访谈法等；另一方面，积极心理学也借鉴了人文心理学的研究方法，学习和继承了质化研究的一些优势和长处，吸收了过程定向研究方法的一些优点，并不断创新研究方法。积极心理学强调并崇尚人文精神与科学技术的统一，显示了其比传统主流心理学更宽容、更灵活、更多样的方法论特点。因此，我们可以做出这样的描述：积极心理学不仅是对传统主流心理学研究对象和内容的超越，还是对其研究方法的超越和创新。

（三）改变了心理学的研究目标

精神分析、行为主义等西方主流心理学流派把普通人作为标准常模，其目

标是把小部分有"问题"的人修补成大多数没有问题的普通人，其研究焦点集中于如何测评并治愈一个人的心理疾病，因此出现了大量关于人类消极心理层面的研究以及环境压力对个体造成的负面影响的研究。于是，心理学便成了专门致力纠正人生命中所存在问题的科学，心理学的核心任务也便成了对问题的修复：修复个体损坏的习惯、动机甚至思想。消极心理学虽然取得了很大的成就，但也导致了现代心理学知识体系的"巨大空档"以及"心理科学的贫困"。

（四）促进了对心理健康的认识

消极心理学在过去的历史中确实对人类和人类社会的发展做出了很大的贡献，正如塞利格曼在美国心理学会年度报告中曾提到的：今天的心理学家们已经能对至少14种50年前无能为力的心理疾病进行有效的治疗，这是一个实践性的伟大胜利。但这种胜利并没有达到降低患有心理疾病人口数量的目的。今天的人们比过去的人们拥有更充分的自由、更好的物质享受、更优良的教育和娱乐，而心理疾病患者的数量却成倍地增长。原因就在于消极心理学只注意到了人的心理问题以及外部的不良环境和恶劣刺激，把心理学的目的定位于消除或修补这些心理与社会问题，形成以心理治疗为主的发展倾向。消极心理学的已有实践证明，我们不可能通过消除问题来实现人类的健康和幸福。

三、积极心理学的发展趋势

积极心理学自20世纪末在美国诞生至今，其发展只不过十余年的时间，可以说积极心理学的研究还很不成熟，还有许多尚待解决的问题。立足于其与传统心理学研究的对比和整个心理学的研究走向，可以把握积极心理学未来的发展趋势。

（一）拓展和深化积极心理学的研究领域

目前，积极心理学的研究主要集中在积极情绪体验方面，而且积极情绪体验中以主观幸福感的研究最多，爱、快乐、乐观主义、希望、满足、自豪等积极心理体验则研究得较少或还未涉及。即使是幸福感本身，也如迪纳所言：虽然人们已经对幸福的产生与发展过程有了相当的了解，但幸福本身仍然存在众多值得研究的地方。无论是从深度还是从广度来说，积极心理学的研究都很有限，远不及它所批判的消极心理学的研究成果，其还有众多的领域、众多的方面需要开拓和创新。

积极心理学另一个研究重点是积极的人格特征，它被看作积极心理学的基础。积极心理学要培养和造就健康的人格，必须对个体人格优势的产生机制、作用途径等有深刻的研究，而这种研究的共同要素包括自我决定、自尊、自我组织、自我定向、适应、智慧、洞察力、成熟的防御、创造性和才能等。这些共同特征的研究必然把积极心理学的视野导向一个更加开阔与深刻的境界。

积极心理学批判了主流心理学过分偏重个体层面研究的缺陷，注意到了人的体验、人的积极品质与群体、文化、社会背景等外部环境的联系。这种外部环境对于个体情绪、人格、心理健康、创造力乃至心理治疗有着重要的影响。积极心理学在这方面还有大量的研究工作要做。

（二）发展积极心理学的研究技术

积极心理学仅仅满足于传统心理学的现有研究方法是不够的，要完成自己的使命，就必须超越传统的方法论，在具体方法上一定要有所突破和创新，否则必将极大地阻碍积极心理学的发展。积极心理学要注重采用解释学、现象学、文化学以及演绎推理、哲学思辨等研究方法，采取更加灵活、更加宽容的态度，建构富有价值和效率的积极心理学方法体系。

（三）推进积极心理学的应用

积极心理学要达到自己的研究目的就必须和人类社会的生活实践相结合，而不仅仅是理论上的抽象意义和符号。一方面，从人们的日常生活实践出发，关注普通人及其生活，从中获得人类心理、行为活动的意义资源和动力源泉，建立起积极心理学和人、家庭、社会良性发展关系的基础；另一方面，应用积极心理学的研究成果，对现实人性的发展进行科学的设计和有效的干预，激发每个人的潜力和积极品质，探索获得美好生活的途径与方法。只有在实践和应用中，积极心理学才能达到其目的并成为真正富有生命力和创造力的科学。

社会发展的最终目标和最高理想不仅是经济增长和物质繁荣，还是在此基础上的人的全面发展，这是当代社会人类发展的真实需要。积极心理学的诞生正

是这种真实需要的产物。从某种程度上说，积极心理学是实现人文关怀和终极关怀的必由之路。它带给我们的启迪，不仅表现在心理学理论的研究和发展上，还表现在政治、经济、文化、教育等多方面领域的发展上。尽管前面还有许多路要走，但积极心理学已经为我们开启了探索幸福的大门。

第二节　积极心理学的人格理论

积极心理学是20世纪末兴盛于西方心理学界的一种新的心理学思潮。它强调对人内心的积极力量进行关注，主张心理学要以人实际的、潜在的、具有建设性的力量、美德和机能等为出发点，提倡用一种积极的方式对人的心理现象做出新的解读，并在这一过程中寻找到可以帮助所有人在良好条件下获得自己应有幸福的各种因素。积极心理学的人格理论又称为积极人格理论。积极人格理论主张人格研究不仅要研究问题人格的特质和影响人格形成的消极因素，还要研究人的良好人格特质以及影响人格形成的积极因素，特别是研究人积极的现实能力和潜在能力在个体良好人格特质形成或发展中的作用。

同时，这一理论认为，个体的发展主要应归因于他们投身于满意而高兴的活动，保持乐观主义的心态和以积极的价值观为生活理念。在这一过程中，积极的人格特质为个体提供了稳定的内在动力。积极人格特质包括乐观、自信、幽默、主观满意感、自我决定性等。因此，积极人格理论必须关注个体积极人格特质的培养。人格是由人的内部生理机制、人的外部行为与社会环境之间的交互作用形成的，而积极人格的形成主要依赖于后天的社会生活体验，其中起关键作用的是个体的积极体验，而个体的积极体验总是深深植根于一定的社会文化环境之中。因此，要为个体积极人格的培养创造积极的社会文化环境。

积极人格理论认为，个体的良好人格并不一定意味着没有心理疾病或任何人格问题。积极人格理论强调要研究积极人格特质以及人格的可变性和建构性三个方面。

第一，研究积极的人格特质。积极心理学认为积极的人格特质对人的健康发展是有利的，强调心理学家应倾注心血研究积极的人格特质，如关于乐观个性等方面的研究。积极心理学认为，乐观会使人有比较好的主观感。同时，积极心理学特别强调对积极的人格品质的研究，如爱、宽恕、同情、幽默、意志、自信、自尊、适应等。积极心理学认为，拥有积极人格特质的人能更好地体验生活的意义，更好地发挥潜力，拥有更加美好的生活，最大限度地实现自我并促进社会的发展。总之，站在积极的角度研究人格的发展成为积极心理学人格观中最显著的特点之一。

第二，人格具有一定的可变性。积极心理学认为，人格是稳定性与可变性的统一。在一定的时期内，人格是稳定不变的，可以用来推断和预测某一时期内个体的特定行为，但与此同时，它具有可变性，可以通过一定的干预和培养发生改变。

第三，人格发展中的建构性。积极心理学认为，人格具有一定的建构性，但是人格的成长并非只是单维因素影响的结果，在人的成长过程中，主体、客体间的相互作用可能成为促进人格发展的关键所在。因此，积极心理学家提倡人格发展中的建构性，即主体、客体间的相互作用性。积极心理学认为，增进个体的积极体验和培养个体自尊是培养个体积极人格的最主要途径。同时，积极的教育和学校组织系统对学生积极人格的形成有促进作用。

第三节　高职生职业人格基本内涵

高职生职业人格是指高职生基于自身发展规律和社会发展要求，为适应未来职业发展需要而不断生成和发展的、作为职业的权利和义务的主体所应该具备的、积极的心理品质或个性特质。具备积极、健全的职业人格是高职生成为合格的"准职业人"所必须具备的并据此得到充分尊重的主体性品质，是高职生迅速适应社会，成功开创职业生涯的前提条件和重要心理基础。

以关注人内心的积极力量为核心的积极心理学为我们关注和研究高职生的职业人格提供了新的视角和启示。从积极心理学的视角出发，探索高职生职业人格的培养，为职业教育的理论研究和实践探索，尤其是为高职生人格全面和谐发展的研究提供了新的理论基础和研究视野，值得我们重点关注。

一、高职生职业人格概念

职业人格是指人作为职业的权利和义务的主体所具备的基本人品、资格以及心理面貌，它蕴含着一定社会主流的价值取向和人的自由发展需求，是个体从事一定职业所必备的最核心的基本素质，也是个体健康人格发展在职业领域中的自然要求和具体表现。

高职生的职业人格"是高职生成为合格'职业人'的主体性品质，是其世界观、价值取向、理想情操和行为方式的综合体，能够保障并促使高职生在未来的职业活动中表现出渐趋稳定的行为方式和整体精神面貌"。同已正式步入职场的成年人相比，高职生仍然是尚未正式进入职业领域的"准职业人"，其身上具有的职业化性质的人格还处于萌芽和不断变化发展的过程中，具有明显的职业指向性、发展性、可塑性。

以积极心理学的观点来看，人格是由人的内部生理机制、人的外部行为与社会环境之间的交互作用形成的。在人格的形成过程中，先天的生理因素不可缺少，但人格的形成主要还是依赖于后天的社会环境，即主体、客体间的相互作用，因此人格的发展具有建构性。高职生作为半成熟、发展之中的人，他们的职业人格还没有完全定型，仍处于不断变化和发展之中，这正是高职教育得以发挥作用的前提。因此，以培养高级技术应用型人才为目标的高职院校应重视高职生在校内的学习、在校外的社会实践、在企业所进行的实习实训和在具体工作岗位上的实习实训，重视主体、客体间的相互作用性，不断增加高职生的积极体验，培养其自尊、乐观的个性，并积极引导学生职业人格的生成和发展，促进高职生自我实现和自我发展，从而为其健康、积极职业人格的形成创造良好的社会环境。

二、高职生职业人格的特点

（一）职业指向性

职业指向性是高职院校学生人格的基本特征。受职业所制约，具有职业性表征是职业人格区别于一般人格的主要特点。职业人格与特定职业的职业规范相联系，不同的职业要求从业者具备不同的职业人格。高职生从走入学校学习各个专业开始，就明确了现在的学习直接影响着未来的就业。然而，与在社会一定职业领域中从业的成熟的职业人相比，高职生是正在成长中的在校学生，他们的主导活动仍然是学习。即便拥有了一定的类似职业人格特质的表现，也是在学习之余的活动中所获得的有限职业经验和感受，是肤浅的、零星的、短暂的、情境性的，尚不能称为真正意义上成熟稳定的职业人格，因为心理学认为人格特质具有跨时间和跨情境的稳定性。

尽管高职生的职业人格还谈不上持续而稳定，但不可否认其职业人格具有明显的职业指向性。在中国现行的教育制度中，普通高等教育和高等职业教育之间存在着无法跨越的沟壑。当本科院校的莘莘学子在大学"象牙塔"里研究苏格拉底，梦想着成为下一个爱因斯坦，在"考研"和"就业"路上踌躇徘徊时，高职生却只有一个人生选题：到哪里就业更理想。因为高考的失利已经把他们从理想的高空摔到了现实的平地，严峻的现实让他们清醒地意识到既然选择了职业教育，那么就要脚踏实地学知识、练技能。正因为"高职"与"普通高校"在学生人格培养特点上存在明显的"实际应用型"与"非实际应用型"、"定向"与"非定向"的发展倾向差别，所以如果说本科生更注重自身综合素质的提高和一般人格的养成，那么高职生的职业人格培养就显得非常突出且明确。

（二）不稳定性和发展性

不稳定性是正在成熟发展中的高职生职业人格的突出特征。虽然作为"准职业人"，高职生的人格特点中带有明显的职业性特征，但是作为正在成长和发展中的尚未正式走入职业社会的"准职业人"，高职生的职业人格尚处于萌芽、生成和发展阶段，由最初的不稳定正逐渐趋向稳定。在高职院校，不同年龄、不同年级、不同专业的学生甚至同一学生在不同的年龄阶段，其人格中的职业指向性都有差别，其职业人格具有明显的不稳定性。与成熟的社会职业人相比，高职生所获取的职业意识和职业情感常常具有偶然性、情境性、随意性。他们的"职业活动"主要是学习之外的社会实践和近似模拟性质的实习实训、勤工俭学，而非系统的、真正的社会职业活动。所以，在这种"类职业活动"的情境中，他们可能因为偶尔的一次成功就获得了强烈的自信心和职业认同感，也可能因为别人的一句批评而丧失对这个职业的兴趣和热情；他们可能今天一时兴起就想从事某

个职业，也可能明天冷静下来又转移了目标。正因为高职生职业人格的未完成性和不稳定性，使其职业人格具有无限的发展空间，即高职学生职业人格的另一特征——发展性。

发展性是高职生作为职业人格主体而具有的天赋特征。人的发展性决定了人格以及职业人格的发展性。严格说来，职业人格不是与生俱来的，也不可能一蹴而就，它是先天和后天的"结晶"，是个体在具备了遗传和成熟因素所提供的生理前提下，在后天的现实职业环境中以理想的职业人格为目标，通过不断的职业实践逐渐养成和发展的。每一种职业对从业者都有理想的职业人格要求，从业者已有的现实职业人格并非恰好都与之符合。当理想的要求和现有的发展水平产生矛盾的时候，主观能动性使人能自觉利用并创造条件，自我认识、自我激励、自我超越，朝理想的职业人格迈进，最终实现内在人格与外在职业要求的和谐统一。

（三）务实性和创新性

务实性是高职生职业人格的重要特征。虽然高职教育属于高等教育类型，但其特色和定位是培养适应生产、建设、管理、服务第一线需要的高等技术应用型人才。高职教育鲜明的职业性、应用性、技术性的属性在决定高职生职业人格的职业指向性的同时，也决定了其务实性特征。与普通院校的学生相比，高职生人格特质中的职业现实性和务实性特征更为突出和自觉。因为"普通教育主要为引导学生更深刻地了解一个科目或一组科目，是准备让他们在同一级或更高一级接受进一步的（更多的）教育而设计的教育"。普通基础教育与高等教育在"双基（基础知识和基本技能）"教学和"做高深学问"的宗旨引领下，重在通过课堂教学引导学生掌握普通科学文化知识和高深的专业理论知识，即便是提倡理论联系实际，其目的也是通过课堂以外的教学方式和途径帮助学生全面深刻理解课堂上所学的理论知识，养成一定技能，继而使学生从事研究型和开发型职业。然而，高职生从入校开始就知道自己未来的职业角色是高级技术型、技能型人才而非科学家和学者。高职院校根据企业技术创新、劳动组织方式变革、生产经营活动的特点，使教育过程与生产实践紧密结合，通过特有的理论课与实践课（实训课）结合的教学模式以及"双师型（教师和技师）"教师队伍引导学生掌握职业知识，发展实际操作能力。其教学的基本方式是课堂教学和实习实训相结合，甚至实践部分无论是在课时上还是内容上都超过了理论学习部分。高职生学到的主要是回答"怎么做"的程序性知识而非回答"为什么"的陈述性知识，概念和原理只要"适度""够用"足矣。所以，在这种时时处处透着实用性、应用性、实践性的教育氛围中，高职生的职业人格不可避免地打上了务实的烙印。

务实并不意味着对创新的排斥。创新性是高职生职业人格的重要特征，是学生作为职业人格主体的能动性的具体体现。尽管高职生的人格具有鲜明的职业萌芽并涂上了现实色彩，但其形成并非学生单方面受制于社会职业活动而被动机械地实现对职业的适应和顺从的结果。相反，职业人格是高职生这一职业活动的主体能动作用于客观职业环境的产物。作为职业活动的主体，高职生能充分意识到自己的主体地位，并发挥聪明才智主动适应和改造社会职业环境，从而实现人与职业的完美结合。在这个过程中，高职生表现出来的强烈的自信心、求知欲、责任感和探索精神等都是职业人格创新性的表现。

第四节 积极心理学视域下高职生职业人格培养策略

一、高职院校学生职业人格培养的目标向度

职业人格具有时代性和历史性的特征，是人与社会环境、职业环境匹配的产物，是社会发展历史在一定阶段内对"职业人"品质和规格上的要求。基于高职教育人才培养目标和对现代"职业人"的人格要求的理解，我们认为，高职院校学生职业人格培养的目标向度可以从以下几个方面把握。

（一）正确的职业观

职业是人们由于特定的社会分工而形成的具有专门业务和特定职责的社会活动。所谓职业观，就是人们对这一特定的社会活动的认识、态度、看法和观点，是一个人的世界观、人生观及价值观在职业生活中的反映。对高职院校学生

来讲，正确的职业观应包括"劳动光荣""劳动创造幸福"的观念、个人发展服从国家和人民需要的观念、勇于奉献的观念等。正确的职业观是健康职业人格的基准点。

（二）良好的职业性格

性格是指人对客观现实的态度，以及与之相适应的行为方式方面的比较稳定的个性心理特征。职业性格是一定的职业对"职业人"在性格上的要求。高度的责任心、诚实守信、爱岗敬业、团结协作、勇于创新、坚毅自信、严于律己等是现代经济社会要求"职业人"必须具备的基本性格特征。而每一种特定的职业又要求"职业人"具有适应本职业特点的职业性格，如服务行业要求职业者具有耐心、礼貌、热情大方等性格特征，如果缺少了这些性格就很难胜任这项工作。所以，培养良好的职业性格对"职业人"综合职业能力的形成与提高有着极大的推动作用。

（三）积极的创新精神意识

马克思认为，社会发展的动力来源于人自身。"创新是一个民族的灵魂，是一个国家兴旺发达的不竭动力。"高职院校培养的人才处于生产、建设、管理和服务的第一线，其创新意识、创新精神、创新能力的培养对于建立创新型国家具有十分重要的意义。创新强调的是个性的发展，从某种程度上说，没有个性就没有创新，就没有特色。因此，积极主动的创新意识、创新精神和创新能力是健康职业人格不可缺少的一部分。

（四）良好的社会适应能力

实践能力可以分为职业能力和社会能力。职业能力指本行业必备的专业技能，是上岗后能胜任工作的保证。社会能力指从事职业活动所需的社会行为能力，如环境适应能力、人际交往能力、团结协作能力等，是一个人生存与发展的必备条件。健康的职业人格是以一种开放的态度关注社会、了解社会，全面观察所接触到的各种社会现象，并能够与时俱进，积极适应新环境的心态和能力。

二、高职生职业人格培养的对策

对于高等职业教育来说，重视学生职业人格的培养，不仅有助于高职生职业态度、职业道德素质、职业情感等非智力因素的开发，还是对高等职业教育"人格本位"发展趋势的积极回应。在很长的一段时间里，由于对"能力本位"高职教育目标取向的狭隘理解，高职院校一直把重点放在如何使学生掌握职业知识和提高职业技能上，单纯强调学生职业能力的培养，为从事某种内容分得很细或者某种效率不高的工作而进行重复训练，过高地估计了提高职业技能和能力的重要性，忽视了高职生个体精神因素和内在价值的开发，从而导致许多高职生毕业后无法顺利适应职业情境。

（一）转变落后的学生观，确立以人为本的教育理念

一直以来，人们总是把高职教育当作低层次的教育，把高职生看作教育的失败者，认为高职教育是失败者的专利。其实，这是一种落后的高职学生观，这种观念把高职生在高考中的失利看成是其能力低的表现。在这种观念的影响下，高职生的个性和潜能得不到发挥，无法实现自由而充分的发展。积极心理学要求人们在看待高职生时，要多看到他们内心的积极人格特质。同时，加德纳的多元智能理论告诉我们，每个人都有自己的优势智能，高职生同样也具有自己的优势智能领域。因此，高职院校应转变过去陈腐、落后的学生观，树立以人为本的积极的教育理念，乐观解读并积极引导学生职业人格的养成和发展，促进学生自我实现和自我发展。这就要求高职院校的教育者在教育活动中，尊重学生的个性差异和人格特质，挖掘学生的潜能，给予他们自由而充分的发展空间，鼓励他们多样化发展，把学生健康而和谐的人格发展作为职业教育的出发点和落脚点，使他们的职业技能训练与个性发展、人格完善统一起来，促进他们积极职业人格的养成和发展。

（二）引导学生积极体验，培养学生良好的职业行为

积极心理学的研究表明，当个体获得积极体验时，即个体处于满意地回忆过去、幸福地感受现在并对未来充满希望的心理状态时，更容易培养个体的积极人格。积极体验分为感官愉悦（一种满足机体自身张力的积极体验）和心理享受

（个体所做的超越了自身的原有状态后所带来的一种体验）。这种体验有利于个体的成长和幸福感的产生，也有利于激发个体的积极力量。因此，在教育活动中，教育者应该注重引导学生获得积极的情感体验，从他们的需要和兴趣出发，通过创设和组织具有情境性、创造性的职业课程与实践活动，给予他们更多自由发展的空间和积极表现的机会，并对他们的优秀表现予以及时的肯定和表扬，引导他们充分发挥自己的潜能和特长，从而在得到社会和他人的肯定与认可的情感体验中获得感官愉悦及心理享受，并随之产生自我肯定的幸福感和自我价值的满足感。

同时，职业教育的特定属性在某种程度上决定了职业人格具有鲜明的行业性和角色性。教育活动只有与具体的职业活动相联系，才能培养学生的职业情感和信念，促进学生积极职业人格特质的形成。因此，高职院校应鼓励高职生走出校园，积极参加社会实践，在充满挑战、不断变化的职业情境中同形形色色的人打交道，在这样的实践活动中，逐步培养高职生正确认识社会、认识自我，正确理解社会关系的能力，并使其学会如何处理人际关系以及尊重他人，养成良好的职业行为习惯，从而形成稳定、积极的职业人格。

（三）丰富校园文化，创造良好的校园文化环境

在积极心理学看来，人格是由人的内部生理机制、人的外部行为与社会环境之间的交互作用形成的。其中，外部的社会文化环境作为一种隐性因素，对学生有着潜移默化的影响。因此，可以说学校的文化环境在学生健全人格的发展中有着不可忽视的影响和作用。一所学校的物化环境及其价值追求、办学理念、目标取向、学校氛围等人文环境深刻而长远地对生活于其中的学生产生潜移默化的影响。因此，高职院校必须积极丰富校内文化内涵，重视校园文化环境建设，倡导师生之间、学生之间团结协作、理解尊重、平等合作的团队精神和人际氛围，培养学生自尊、自信、诚实、守信等积极乐观的人格品质。

同时，作为培养"准职业人"的专业教育类型，高职教育培养的是直接面向生产一线的高级技术应用型人才，要求高职生应该掌握基本的理论知识和扎实的专业技能，以期进入企业后能够尽快适应企业的工作环境，迅速实现角色转换。基于此，高职院校应该积极、主动地与企业联系，得到企业的理解和支持，

引导企业热情接纳学生进行实习实践，并帮助学生迅速适应企业工作环境，熟知并认同企业文化。另外，高职院校要积极创设具有行业和企业特色的校园文化环境，促进校园文化和企业文化的沟通与融合，使学生在潜移默化中受到企业文化的熏陶，从而自觉认同企业的管理理念、价值追求和职业道德标准，从而进一步发展和完善他们的职业人格。

（四）构建体现职业人文特色的校园文化

校园文化是学校教育理念、行为方式、精神品格、价值取向的集中体现。校园文化是无言的老师，它在学生的思想形成、精神塑造、情操陶冶、目标指向等方面起着强烈的感染、凝聚、导向和激励作用。因此，校园文化建设是学校营造教育环境、彰显办学特色、提升教育功能的一项重要措施。而高职院校的培养目标是高等技术应用型人才。其培养目标和人才规格有别于普通高校。高职院校人文教育的特色在于其职业性。也就是说，高职院校的校园文化应呈现"职业形态"或"职业文化形态"。具体来说，高职院校在校园文化建设方面，既注重作为普通高等学校所应具有的文化品格和价值追求，又注重自身能否适应社会、融入社会，追求学校文化与企业文化有机交融、学术气氛与实践氛围相辅相成的职业教育文化特色，构建"以服务为宗旨，以就业为导向"的办学方针，以"培养面向生产、建设、服务和管理第一线需要的高技能人才"为价值追求，突出职业理想、职业道德、职业技能、职业心态、职业成长等职业文化为特征的校园文化形态，为培养合格职业人才创造特色鲜明的校园文化环境。

（五）提高教师职业道德素质和职业人文教育能力

教师是教育活动中的首要因素。教师的教育活动始终具有示范性，在教育教学活动中，教师不仅以自己的知识、技能影响着学生，还以他的品行修养、道德情操、作风仪表、治学精神和工作态度对学生起着潜移默化的影响，这种表率作用是任何其他教育因素都无法代替的。因此，提高教师队伍整体职业道德素质，充分发挥教师队伍的表率示范和教书育人作用是培养学生健康职业人格的关键。"教育中的一切都应以教育者的人格为基础，因为只有人格才能影响人格，只有性格才能形成性格。"同时，在高职教师队伍中，教师的素质还应体现在职

业道德素质和结合专业进行职业人文教育的能力上。这是高职教育发展对教师素质提出的新要求。只有提高高职教师队伍的职业道德素质和职业人文教育的能力，才能使专业教育与职业文化教育进行有机的结合，才能将诚信、责任、创业、敬业等职业文化元素贯穿于专业教育活动之中，才能使学生的职业人格培养具有坚实的教育基础，才能真正实现培养全面发展的"职业人"的目标。

（六）优化高职教育培养模式

优化高职教育培养模式主要体现在以下三方面。一是要在"工学结合"的培养模式中，克服工具性教育意识，强化培养全面发展的现代"职业人"的意识，将职业文化（其主要特征是企业文化）渗透到教学、实践的各个环节，在"教、学、做"过程中培养爱岗敬业、诚实守信、遵守规范等职业人格品质，将专业技能培养和职业文化教育融为一体。二是要在教学方法上，充分发挥教师的主导作用和学生的主体作用，引入探究式、研究性等教学方法，培养学生的科学精神、创新精神和求实作风。三是建立科学的教学质量评价体系，将职业文化教育纳入其中，激励和促使教师在专业技能教学活动中融入职业文化教育，这是培养高职生职业人格的根本保障。

（七）加强职业生涯规划教育

美国著名职业生涯指导专家霍兰德认为，"生涯选择是个人人格在工作世界中的表露和延伸……个人被某些特定职业所吸引，因为这些职业能满足其需求和兴趣"。职业生涯规划教育的目的，就是使学生通过自觉分析、认识自我与社会环境、与时代的关系，激发内在目标追求，树立正确的价值取向，达到自身价值与社会价值的和谐统一。可见，职业生涯规划教育和实施过程就是职业人格内化和养成的过程。

首先，对高职院校学生进行职业生涯规划教育，引导学生进行自我评估，这是对自身有意识的积极探索，有助于学生客观认识自我、接纳自我，也是培养健全职业人格的前提。其次，进行职业生涯规划教育，引导学生对各类环境进行分析，使其认清社会形势，客观分析自身所处的外部环境，把个人理想与社会现实结合起来，并树立正确的职业观和价值观，在贡献社会的同时实现个人的理想与价值，这是高职院校学生健康职业人格培养的重要内容。再次，对高职生进行职业生涯规划教育，引导学生在综合分析自身及外部各种条件的基础上明确职业生涯规划目标，并制定可行的实施方案和具体方法，这也是高职院校学生健康职业人格培养的重要内容。最后，职业生涯规划教育的一个重要内容就是引导学生进行正确的心理调适，使其面对困难和挫折时能正确应对，保持乐观的态度，积极应对各种环境及压力，这也是健康职业人格培养的重要内容。总之，职业生涯规划教育与高职院校学生健全职业人格的培养具有内在的一致性，前者可以为后者提供有效的方法和手段。

（八）建立常态化的心理健康辅导机制

健康的职业人格是以健全的人格素质为前提，健全的人格素质又是以健康的心理素质为基础。在高职生思想信仰、道德修养、心灵维护、文化智慧等人格素质向度中，心灵维护处于中心环节。古人云："人格之道，当治于心。"因此，心理健康辅导是高职生成长成才、形成健康的职业人格的重要途径。

高职生正处在心理变化和人格形成的关键时期，特别是由于高职生在学生群体中的地位低下，以及社会转型时期出现的"个人主义""拜金主义""功利主义"等社会负面现象影响，加之他们又生活在网络时代的背景下，使他们的成长存在着许多实际困难和思想矛盾。于是，高职生中凸显出来了一些普遍性的心理问题，如自卑偏执、浮躁冲动、信念模糊、心理失衡、价值迷失、人际失调、焦虑抑郁等。

高职院校学生职业人格的培养问题是高职院校进行特色化素质教育和培养全面发展的现代"职业人"过程中遇到的一个有着重要教育意义的问题。职业人格培养是一个将人的素质提升与外界社会环境对人们职业品质要求有机统一的过程，也是一个家庭影响、学校教育、社会环境等诸多因素综合作用的复杂过程。因此，搞好高职院校学生职业人格培养，还需要高职教育工作者在实践中不断探索和深化。

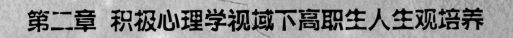

第二章 积极心理学视域下高职生人生观培养

人生观是世界观在人生问题上的反映，是人们对人生问题的基本看法和态度，决定着人们的一生。它回答的是为什么活着和怎样生活才有意义等人生的根本问题，对人生的发展具有重要作用。一方面，它是人生发展道路和方向的指针，决定着人生道路的选择，是指导人们生活、工作、学习的巨大精神动力；另一方面，它是人们道德品质修养的思想基础，决定着人们在社会生活中的道德倾向，制约着人们的道德观念和道德行为。高职生是思想最活跃的群体，是祖国未来发展的希望，肩负着中华民族伟大复兴的重任，因此对高职生进行人生观教育，引导和帮助他们树立科学的人生观有着极其重要的意义。

第一节　人生观与人生观教育

一、人生观

（一）人生观的内涵

人作为独立的个体，其人生观存在差异性与多样性，其中重要的是其所持的人生观是否科学与正确。具体来讲，人生观是人们对人生的根本态度和看法，包括对人生价值、人生目的及人生意义的根本看法和态度。它是世界观的重要组成部分。人生观主要回答人为什么活着，人生的意义、价值、目的、理想、信念、追求等问题。基本内容包括幸福观、苦乐观、荣辱观、生死观、友谊观、道德观、审美观、公私观、恋爱观等。由于人们的社会地位、文化素养及所处的生活环境不同，他们的人生观也各不相同。拥有正确的人生观，人们可以从大局着眼，克己奉公，不因个人得失而计较太多，更不会陷入自私自利中，以至悔恨犯错。同时，正确的人生观可以促使人们磨炼顽强的意志，清醒地认识矛盾，不畏艰难，善于解决生活与工作中的冲突，在人生道路上，恪尽职守，积极努力，实现自我价值。

从本质上讲，人生观不是自然形成的，而是在特定历史环境下形成的，是社会生产关系发展的产物。人生观的内容主要包括幸福观、苦乐观、生死观、荣辱观、恋爱观等。人生观往往是由世界观决定的，是世界观的一个重要组成部分，受到世界观的制约。因此，树立科学的人生观，可以为高职生提供生活导向，坚定信念，使其拥有美好的生活。

在人类历史上曾出现过以下几种具有代表性的人生观。

1. 享乐主义人生观

享乐主义人生观从人的生物本能出发，将人的生活归结为满足人的生理需要的过程，提出追求感官快乐、最大限度地满足物质生活享受是人生的唯一目的。

2. 厌世主义人生观

厌世主义人生观认为，人生是苦难的深渊，充满各种烦恼与痛苦，唯有脱俗灭欲，才能真正解脱。

3. 禁欲主义人生观

禁欲主义人生观将人的欲望特别是肉体的欲望看作一切罪恶的根源，主张灭绝人欲，实行苦行主义。

4. 幸福主义人生观

幸福主义人生观分为两种：一种观点是强调个人幸福是人生的最高目的和价值；另一种观点是在强调个人幸福的同时，也强调他人幸福和社会公共幸福，认为追求公共幸福是人生的最高目的和价值所在。

5. 乐观主义人生观

乐观主义人生观认为社会发展的前途是光明的，人生的目的在于追求社会的文明和进步，在于追求真理，对人生抱有积极乐观的态度。

6. 共产主义人生观

共产主义人生观是无产阶级科学的人生观。它把人的生命活动历程看作认识和改造客观世界的过程，把消灭资本主义、实现共产主义，为绝大多数人谋利益，看作人生的崇高目的和最大幸福。其认为，人生的价值和意义在于对社会所尽的责任和所做的贡献，人生的最大价值和意义在于努力为人民服务，无私地把自己的一切精力贡献给共产主义事业。

（二）人生观存在差异的原因

人生观是在特定社会历史条件中、在社会关系的发展结果下，产生的阶级性思想。人生观是在人们的社会生活和生产实践的过程中，逐步衍生与形成起来的，受到人类世界观的影响与限制。处在不同社会和阶级的人们往往有着不同的人生观，究其原因，主要有以下三点。

第一，从根本上来说，任何一种人生观都是人们所处的特定历史条件在特定的社会关系下的产物，是人们对社会物质条件向往的某种反映。它包含着人生的意义、价值、道路等诸多问题，无论怎么样的观点、态度和向往，甚至稀奇古怪的选择，都可以从现实的社会关系中找到它的原型，挖掘到它深刻的社会根源。归根结底，人们的人生观是在当时的物质生活条件及与之相应的社会关系的基础上形成的。因此，在阶级社会里，人生观就是不同阶级对社会不同的反映。

第二，人生观是在特定历史条件下产生的，是人们在生产劳动中认知能力的反映，包括价值、意义和诸多选择模式。人生观不是来自人的意识，也不是来自人的实际生活以外的事物，其只能从人们对实际社会生活过程中经历的事件、任务、社会生产中产生。也正因为此，处于不同时代、阶级、社会处境中的人，其人生观亦是差距很大。

第三，人们在生产劳动中，需求各异，各自为满足自己的需求去做不同的事情。人类文明发展至今，物质分配的失衡，造成人们各自诉求的博杂而多元。但是，从主要方面可分为食物、建筑、交通和日常消耗品四类。在今天社会化普遍成熟的时代背景下，人类生存需求早已从原始本能的欲望迈向精神享受的阶段。人们按照生活的需求，独立自主地进行着调整、规划、组织和发展，因此其人生观存在差异性。

二、人生观教育

（一）人生观教育的内涵

人生观教育立足于社会发展和人的发展要求，以追求人生的整体和谐发展为目标，力求在引导人们确立正确的人生目的、树立科学的人生态度的过程中，实现人生价值。其主要包括以下四个方面的内容。

1. 人生目的教育

对人生目的的探讨，理论界一直争论不休。自改革开放以来，随着社会各方面特别是经济体制改革所带来的社会变革，人们的思想观念也发生了变化，对人生目的的思考和选择从单一走向多元，从封闭走向开放。我们知道，人们的自觉能动性决定了人生活动的目的指向性。这种目的指向性的深层发问"人为什么而活着"或"人活着为什么"，则是人生目的所要回答的问题。对这个问题的不同回答，昭示着人生追求的不同动机，决定着人生不同的发展方向和价值形态，是不同人生观的根本分野。人生观的很多问题都是由其目的决定的，有什么样的人生目的就有什么样的人生态度、理想、价值等。因此，人生目的作为人生观的根本问题，是人生观教育的核心内容。

2. 人生理想教育

"理想"一词，最初来源于希腊语，意思是人生奋斗目标。"理想"在我国古代称为"志"，《尚书》中有"射之有志"。《辞海》中说理想是同奋斗目标联系的有实现可能性的想象。理想是人们的精神支柱和前进动力。在革命战争年代，中国共产党在共产主义理想的支持下，"在正确的政治方向指导下，从分析实际情况出发，发扬革命和拼命精神，取得了伟大的胜利"。在社会主义建设时期，理想又是人思想道德素质中最重要的组成部分。现在中国提出"四有"——有理想、有道德、有文化、有纪律，其中最强调的是有理想。因为共同的理想可以让全国人民团结起来，形成民族凝聚力。

理想属于人类精神生活范畴，是主观和客观的统一，既有主观的表现形式又有高于生活的客观内容。它和人的需要紧密结合，既来源于人的需要，又体现着人的需要。因此，需要的性质决定理想的性质，需要的层次制约理想的层次，一定需要的满足总是和一定理想的实现同步。我们进行人生理想教育要以社会主义共同理想为主题，我们所应坚持的人生理想教育归根结底是在社会主义现代化建设实践中实现。

3. 人生价值教育

人生价值的概念来源于价值的概念。价值是一个具有广泛意义的社会范畴，是客体满足主体社会性需要的属性。因为离开了人的需要，价值也就不复存

在，故而价值是一个关系范畴，而非实体范畴。从这方面考虑，人生价值具有两重性，既是以其社会实践满足社会需要的客体，又是在社会生活中产生、生存、发展及劳动创造的各种需要的主体。因此，人生价值既要看个人对社会的贡献和责任，又要承认和重视社会对个人需要的满足。这种个人对社会的贡献和责任与社会对个人的尊重和满足的对立统一是我们正确认识和理解人生价值的基本前提。

4. 人生态度教育

人生是由不断涌现的生活事件构成的。在人生发展的各个阶段，我们会遇到各个阶段的学习、劳动、事业、友谊、健康、发展等一系列人生问题，在解决和处理这些问题时，我们必须面对苦乐、得失、生死、善恶、荣辱、顺逆、成败等人生境况。

人生态度就是对各种人生问题、人生矛盾、人生境遇所持有的基本看法和意向，是关于自我人生相对稳定的心理倾向和态势。因此，判断个人的人生态度不能以某一时间、地点的偶然事件所产生的短期心态为标准，而应以个体一以贯之、相对稳定地面对生活的总体态度为标准。人生态度蕴含在人的生命活动的每一个事件中，又在总体上影响和支配着人的活动。而人生活在社会之中，必然受到周围环境的影响，因此人的生活态度必然是现实的、具体的。换句话说，人生态度是随着人们所处社会文化环境的变化以及自我生活体验的丰富而形成、变化和发展的。人生态度包括人生认知、人生情感和人生意向三个要素，它是三者的统一。

（二）人生观教育现状

首先，当今社会属于一个极其复杂的社会大变革时期，尤其是社会文化的转型，使得社会文化整合度不高，文化形态多元，人们对真善美、假恶丑等关于人生的评价标准不一，出现了人们对人生的评价多元化现象。这种现象的滋生给人生观教育带来了相当的难度。

其次，新时期的青年自我意识比较强烈，有着较高的自我认同感，他们对于楷模的树立不再轻易附和舆论和媒体的意见，而是有着自己独立的判断标准。

长期以来，我国社会主流媒体对先进人物尤其是对人生楷模，做了相对模式化、版本化的舆论宣传，这种舆论宣传和人们现实生活在很大程度上是脱节的，是人为的过度拔高，使得广大民众觉得榜样可望而不可即，从而导致政府或有关部门树立的模范往往并不被时下的青年人所认可。

最后，人生观并不是先天俱来的，它是后天培养的结果，是经过家庭、学校和社会教育及影响的结果。评价人生观教育的效果，最重要的是看社会成员所表现出来的在人生目的、人生理想等各方面人生观的整体风气和面貌。而在社会转型时期，目前我国的人生观教育总体而言可以说成效一般。

第二节　创新高职生人生观教育的必要性

大学是人才培养的重要阶段。这一时期的高职生人生观日趋成熟，对自己所承担的社会角色和社会义务开始有更深入的认识，但是，对人生道路的选择往往缺乏理性思考，在多元化的社会现象和价值思潮面前，其情绪体验往往处于一种复杂、动荡、微妙的困惑状态。特别是改革开放40年来，国际、国内形势发生了巨大的变化，这就要求当代高职生的人生观教育与时俱进，适应新的时代要求。

一、适应教育环境变化的需要

教育环境是教育活动所依存的社会状况，包括社会的经济、政治和文化环境。教育环境的变化必然引起教育理念、教育内容和教育方法的改变。相比改革开放前，当今我国人生观教育的环境已发生了深刻的变化。

从经济方面看，市场经济的平等原则、个体独立意识、以利润最大化为目标等特点，使人们对物质利益越来越重视，而分配方式所导致的贫富差距又在一定程度上引发了不利于社会和谐的群体心态；不同国家和地区间经济联系的不断扩大，带来了不同社会制度、意识形态和价值观念日益频繁的交流与碰撞，影响着人们的价值观念和思维方式。

从政治方面看，民主化进程唤醒了人们的主人翁意识和参与意识，人们的

个体意识和独立自主意识正在增强。

从文化方面看，市场经济出现的文化世俗化在一定程度上瓦解着以往人们心目中文化的价值，全球化带来的不同文化间的频繁交流使人们的精神生活领域呈现出多元化格局，价值相对主义和价值虚无主义正在蔓延。

当今中国人生观教育所面临的经济、政治、文化环境表明，只有创新高职生人生观教育，才能适应时代发展的需要。

二、适应教育内容变化的需要

2002年，教育部社会科学研究与思想政治工作司在《人生观通论》中把人生观教育的内涵表述为"以现时代的社会发展、人的发展为基础，以追求人生的整体和谐发展为目标，引导人们确立正确的人生目的、态度，实践有价值的人生"。可以看出，"人生的整体和谐"是确定人生观教育内容的重要标准，人生观教育内容应适应教育对象的个性特点，使不同的对象在不同层次上实现整体和谐。

在人的发展中，应把物质生活和精神生活统一起来，过去那种只重视精神价值而轻视物质利益的"圣贤"式教育内容已经过时，社会在呼唤物质利益与精神价值并重发展的"凡人"式教育内容；价值独断主义的教育内容正渐渐被以"底线价值"为基础的多元价值内容所取代。这些教育内容的变化，说明传统高职生人生观教育中主要依靠政治手段调控或感性经验灌输的方式已不适应教育内容发展的需要了，高职生人生观教育的创新势在必行。

三、适应新的教育理论的需要

人生观教育是一种导向性教育，这一特点使以往的教育者过分看重自身的主体地位和主导作用，实行以单向灌输为主导的教育方法，过分强调群体、轻视个体，注重社会价值而较少关注个体价值，忽略了与受教育者间的相互理解与沟通，忽视了受教育者主体性的发挥。

此外，传统人生观教育过分注重培养崇高精神境界、形成"高大全"的理想人格，不认同个体在思想活动和精神文化需求方面的层次性、差异性，导致了教育方法的一刀切和教育对象人生发展的单向度。现代教育理论认为，人类经济发展和社会存在的普遍方式是平等主体间的交往活动。教育者的单一主体性正逐渐被多元化主体所取代。这种承认教育多元化主体的理论认为，教育者与受教育者是共存的主体，教育不再是教育者"填鸭式"的单向教育灌输，而是教育者与受教育者之间相互理解、设身处地、换位思考的活动。这种新的教育理论必然会对高职生人生观教育方法提出新的要求。

第三节 积极心理学视域下高职生人生观教育的培养策略

一、注重高职生个体发展

积极心理学对人价值的肯定在于将积极看作人类固有的一种重要本性。而对高职生进行人生观教育正是从学生个体的性格特质和生命体验中挖掘积极的因素，并赋予其积极意义，让高职生掌握人生观教育的主动权，为高职生建立积极体验的平台；让高职生在人生观的塑造中不断感受到积极体验，从帮助自己提高和完善的过程中，体会到自助和助人之间的紧密联系；让高职生从自我价值的提升中，看到集体价值和社会价值的可贵，从而逐步塑造起积极的人生观。

（一）引导高职生提升主观幸福感

主观幸福感是指个体主观上对自己已有的生活状态正是自己心目中理想生活状态的一种肯定态度和感受。"感受美好生活、享受生活和追求生活的意义"是积极心理学之父塞利格曼提出的获得幸福的途径。

对美好生活的感受往往是一种被动的状态，是受外在环境和条件影响形成的主观感受。随着全球化发展的逐渐成形、数据通信的不断发展，改善人类生活的科技发明和生活理念随时随地都在影响着人们的生活，高职生作为青年一代有着极其强大的信息搜集能力和处理能力，每天能够接触到大量的、新鲜的信息，充分实现了个体的感官愉悦。

但恰恰也是由于信息量巨大和信息流动过剩，个体追求感官回馈的频率越

来越快，导致个体对人生价值追求的频率也变得快速。"想要花最少的力气，用最快的时间，取得最大的成功"就是当下个体对于人生观的典型诉求。快速消费产品、网络游戏、电子商务等无一不在宣传"快速""最优""便利"。这种状态下，由于积极体验微乎其微，与之相对的产生心流的条件也不稳定，所以个体想要通过此途径获得更多"幸福"和"成功"，就必须付出更多的时间和金钱，最终形成一种恶性循环。当个体沉溺其中时，也就是从另一个层面放弃了个体幸福感中对"主观积极体验"的追求。

幸福感有以下三个特点。

第一，依赖个体的主观体验，能够反映出个体真实的心理水平。

第二，幸福感并不是不存在消极体验，只是更强调个体体验到的真实的积极体验。

第三，幸福感的形成并不是独立地对某一领域评估后的体验，而是一种长期的、综合性的对总体生活的一种体验。

提升高职生的主观幸福感，不仅要让高职生意识到感官刺激和快速消费无法带来幸福感，还要为高职生搭建能够产生积极体验的平台，让高职生逐渐回归真实积极体验，寻找真实的幸福。

（二）使个体保持乐观

使个体保持乐观不仅有助于个体获得幸福，也有助于个体认清自己的优势、接纳自己的劣势，更有助于个体对未来产生期待，形成积极的人生观。

对事情的归因方式会形成惯性表达，成为一种特定的解释风格。解释风格分为乐观型和悲观型两种，乐观型解释风格就是解释对积极因素的归因，一般表现在将事情的成败归因为个体可控的因素，如努力程度、勤奋程度等；悲观型解释风格就是对消极因素的归因，一般表现在将事情的成败归因为个体不可控的因素，如运气、心情、任务难度等。

解释风格在面对失败时也存在两个解释维度：永久性和普遍性。悲观型解释风格倾向在遭遇失败时把困难看成是永久的、普遍的，使人容易产生自我否定，把过错归结在自己身上，容易陷入习得性无助，会在悲观中沉溺很久无法走出，对人生十分不自信。乐观型解释风格倾向在遭遇失败时把困难视为暂时的、特定的而不是普遍的。由此可见，乐观型解释风格的个体并不容易沮丧，也并不在意失败，更容易从失败中走出来，认为失败总是可以找到原因的，面对未来不容易产生无助感，甚至还能有意识地对抗无助。

乐观不是天生的，而是在后天的社会、学校和家庭教育环境中逐渐形成的。乐观型解释风格并不是盲目自信和对未来盲目乐观。培养乐观型解释风格的目的在于培养对挫折感和无助感的抵御能力，积极面对失败和错误。通过对高职生乐观型人格的培养更有助于其形成积极的人生观。

（三）形成积极人格

积极人格主要指个体由积极品质和积极力量所组成的那一部分人格，是相对于问题人格提出的。对积极人格的塑造是积极心理学的核心，积极心理学认为通过对个人积极力量的培养，能够培塑出积极人格。基于人格有限可塑的条件，个体后天的经历对其人格的塑造起着关键作用，为塑造积极人格奠定了基础。

个体积极人格的塑造可以更好地让高职生了解自身的人格优势，通过对优势力量的不断巩固和对潜在力量的不断挖掘，产生主观的积极体验，有利于增强自我认同感和自信感，有助于良好自尊的建立。良好的自尊是通过积极的体验使自我产生自我肯定和信任感而逐步培养成的，是一种比较稳定的心理状态。拥有良好自尊的人能够坦然面对得失，善于自我管理和发展，能够明显表现出幸福感和心理健康，显示出一种积极的人生观。

积极心理学相信每个人都有自我完善的动机，也都蕴藏了积极的人格品质。教育者要善于挖掘高职生的优秀品质，对于潜在的积极品质，要注重培养和塑造。

二、丰富教育内容，拓展教育途径

积极心理学关注人性中的积极因素，尊重人的积极发展和人格塑造，致力于使人类拥有更加有意义的幸福生活。积极心理学提倡在时代背景下用发展的眼光看待自身，看待挫折，其独有的人文情怀对高职生人生观教育以及高职生教育管理有一定的借鉴意义。

（一）丰富人生观教育内容

1. 创造有价值的人生

人生的意义是什么？如何有价值地过完一生？这是每个高职生都会思考的问题。对高职生进行人生观教育的目的就是教导高职生如何通过理性的思考和不懈的努力去追求自己人生的价值。在追求个人人生价值的过程中，人格的力量是无穷的。一个具有积极人格的人，就拥有自信、乐观、不易被困难击溃等特质，更有利于人生价值的实现。

对高职生进行人生价值观教育要结合塑造积极人格同时开展。对高职生进行远大人生价值观教育就如同给了高职生一把弓，有了这把弓高职生就能瞄准自己人生价值的方向。积极人格的塑造就如同再将箭交给他们，让他们不仅有努力的方向，还有实现目标的方法。

2. 培养积极品质

对生活中经历的事件总是进行积极归因的人是一个富有积极品质的人。积极归因不仅能作用于当下的生活，还能对未来有理性的预测。乐观个体进行积极归因时总是将好事归因为自己的人格特质或能力，他们认为自己各方面都很棒，总是给自己赞赏和鼓励，这就会使他们保持积极良好的心理状态。面对挫折，乐观的个体会很快振作，继续努力，直到获得想要的结果。积极归因能够帮助个体形成积极态度和自信的良性循环，也能有力地帮助个体塑造良好的自尊。

积极归因并不是盲目自信和自我夸大，积极心理学提出了一种观点：在不否定现实的前提下，将失败或挫折做出积极的归因是为了从失败中吸取教训和经验，让挫折不会成为成功路上的绊脚石，而是成为积极直面未来挑战的良好经验。

（二）拓展人生观教育的途径和方法

1. 改变教学方式

对高职生的人生观教育正在进行对灌输式教育的突围，取而代之的是以人生观教育内容结合积极体验的教学方式。人生观教育不仅需要突破消极的教学模式，还要走出课堂，"从做中学"。

2. 把握教育主体的主动权

高职生作为教育主体的地位回归是顺应时代发展的必然趋势，也是高职生主体意识增强的具体表现。作为教育的主体，高职生人生观教育"教与学"的内容全部由他们独立完成，教育者的任务由教授学生获得"人生观的知识"转向引导学生通过积极人格的塑造创造属于自己的人生价值。这样，学生不仅掌握了教育的主动权，还掌握了成才的主动权。

3. 塑造教育者积极的人格

教育是一项比较特殊的社会活动，让学生通过知识获得幸福的成长是所有教育者的终极使命，而只有有幸福感的教师才能培养出有幸福感的学生。从积极心理学的角度来看，对教育者本身的积极人格的塑造不仅是对教师个体积极人格的不断完善，也可以通过教育者将其更好地传递给学生。

第四节　积极心理学视域下高职生人生观教育的相关理论

一、积极情绪拓延—建构理论

情绪有时高有时低，不同的情形会让人产生不同的情绪。积极心理学表示人们要有积极的情绪，就会表现为高兴、愉快、兴奋等感情；而人们情绪不积极的时候，就会表现为失望、低迷、无精打采等；情绪高亢的时候主要有高兴、感谢、愿望、自满、激动等几种表现形式。情绪可以有效地表达人们内心渴望的真实情感，是一种主观上的感觉。积极心理学认为，积极情绪与情感不仅可以使个体获得更多积极的主观体验（即对个体的情感有意义），还可以使个体行为更加积极（即对个体的行为有意义）。

对待不同的事情，每个人的表现不同，有些人以积极的情绪面对，表现为高兴、激动，而有些人则以消极的情绪面对，表现为不乐意甚至是害怕，继而产生逃避心理。这是一种内在的、本能上的反应，逃避从另一方面来说有益于保护自己免受伤害。以消极的态度和思想去对待事情，会在一定程度上限制人们内心

的真实情感，克制人们的意志力，阻碍人们正确行为和能力的发展，从长远来看，不利于人们积极人格的形成，使人们遇到事情就会躲避和害怕，没有勇气去面对，缺乏解决问题的能力。所以，归根结底，高职生应该确保自身的发展，用积极的情绪对待事情，锻炼自己的能力，解决遇到的难题，而不是逃避问题，只有这样才可以为将来铺出一条平坦的大道。

限制人们行为的思想有很多，人们若以消极的情绪去对待事物，便会限制自己的思想，使自己的思想受局限，因循守旧。只有积极的情绪才能激发思维活力，让大多数人，尤其是高职生产生创新性、创造性思维，促进思维链的形成。换句话说，当我们的情绪处于积极的状态时，我们的思维也会活跃，有利于摆脱旧思维的干扰，产生创新性的思维。

从拓延—建构理论上说，高亢的情绪能够产生积极的作用，可以激发人的复杂想法，促进人积极思考，打破传统观念的束缚，使人的思维想法更加灵活多变，更有利于问题的解决。有学者对高职生做了这样一个实验，用电影激发学生的情绪。第一个小组通过幽默剧产生积极情绪，第二个小组使其产生中性情绪，而最后一组使其产生消极情绪。通过实验结果和具体的数据分析得知，拥有积极情绪的高职生比拥有中性情绪和消极情绪的高职生遇到问题时更加从容，思维具有更广和更宽的维度；而拥有消极情绪的高职生，往往悲观消极，对待和处理事情更容易走极端，没有办法用清晰的思路去应对和解决问题。

二、乐观解释风格理论

在积极心理学的研究过程中，乐观的心态是其研究的最重要环节，是积极心理学的重要组成部分。个体把所有消极的因素以及所经历过的全部困难都反映在外在事件上，把积极的因素都反映在内在相对比较稳定的事件上，这就是著名心理学家卡尔的乐观解释风格理论。人们都生活在同一个世界，由于乐观性格的人和悲观性格的人在性格上存在的差异，导致了他们对同样事物的理解程度不同，即使每个人都遇到同样的困难，最后呈现出来的效果也不一样。永久性和普遍性两种维度充分证明了乐观型理论的存在价值。

（一）永久性维度

时间是永久性维度最常用的度量标准。悲观者之所以悲观，是因为当困难和不幸降临的时候，他们通常会将此时的困难想象得太遥远或太漫长；但对于乐观者来说，此时的不幸只是暂时的，只要坚持很快就能过去，因此最主要的原因还是人格特质上的不同。在高兴的事情面前，悲观者则是把此时的高兴看成短暂的、不长远的；而乐观者则把此时的美好看成长远的、永久的。乐观的人会把这一时的美好看成自己一生的好运，他们坚信，好运永远都在自己身边，所以他们的心情也会更加愉快。

（二）普遍性维度

空间是普遍性维度最常见的度量指标。悲观者往往是把此时的困难和挫折看作普遍性的，进而严重影响人们在困难面前的应激反应。对乐观的人来说，他们能够准确地、积极地对产生的困难和挫折进行评价，虽然因短暂的失败产生短时的不乐观，但是，心态依旧乐观，生活还在继续，在整个生活上没有失败。好的事情和坏的事情对于乐观型理论的解释正好是截然不同的。对乐观者而言，美好是能够带给他们接下来做任何事情的好运气；而对悲观者而言，美好只是在特殊的环境中不受人为控制时形成的。

永久性维度受时间的影响，但在短时间内能够很快地恢复。而普遍性维度对于一个人是否将痛苦带到自己生活的其他地方起到决定性作用。

每个个体对待不同的事情会有不同的生活态度，正是由于两种不同维度的影响，个体产生的行为也会发生巨大的变化。

三、ABCDE思维检测理论

积极心理学目前最受欢迎的理论是ABCDE思维检测理论。这种理论在减缓个体痛苦焦虑的同时也给个体带来乐观向上的情感体验。积极心理学的核心就是，在悲观思想有一点存在的萌芽时，必须义无反顾地制止想法的蔓延。

ABCDE思维检测理论是一个完善的防御流程，在痛苦的事情进入大脑的时候，人们通常都会去思考带来痛苦的这件事的利与弊，在信念的支持下，会产生一些方法，指导人们去实际操作，但在这个过程中最重要的一个环节是对自己的

传统想法进行抵制，最终的目的是建立起积极的信念。

四、心流理论

在解释这一理论之前，我们必须明确什么是心流。所谓心流，是人的一种积极情绪，是人们有兴趣去做一件事情，并且得到了很好的满足，从而获得的一种美好的情绪感觉。心流表示的是人们积极地参加一项活动，自己去经历并热情地融入活动之中，不是消极地、被动地参加某一项活动。人们全身心投入这种活动中，会保持一种快乐而且享受的状态，人们的心情和感受也会特别愉悦和美好。

心流一般是个体在从事当前所从事的活动中直接获得的，回忆或想象则不能产生这种体验。这是一种全神贯注的状态，思想和意识如同水流一般缓缓涌入，潺潺不断，这是一种处于巅峰且自然的快乐美好，使人们产生积极的情绪，对人们做事情具有积极的作用。对于高职生也是如此，高职生产生积极的情绪就会有高昂的斗志，就会充满信心，做起事情来就会有事半功倍的效果，进而使他们更加积极地投入学习之中，从而迈向成功的大门。

五、希望理论

"希望是个体的预料与背后隐藏的愿望之间的联系，是建立在认知基础上的。个体对预料中的成就与其获得成就的愿望强度之间的关系会产生一种认知，伴随这种认知产生的一种调节力量就是希望。"希望与乐观紧密联系，希望是保持乐观的最有效方法。在困难来临的时候，引导高职生牢牢看准时机、抓住机会，使其看到希望，不仅可以提高高职生的积极性，还能使高职生充满创造力，使更多的乐观情绪填充到他们的世界里。使人们拥有希望并想方设法获得希望是保持乐观的最直接手段。

心理学家认为，希望是充满感情的，有感情才会有希望。希望将个体自身所向往的情感和产生事件背后的期望紧紧联系在一起，靠有效的认知对其进行捆绑。这样的观念受到几乎全部心理学家的一致认可，但是在对其进行深刻的理解时，很多积极心理学家提出了不同的观点，他们认为，希望是一种积极的想法，它的对象是朝向自己的目标的。这其中包括个体能够积极发现找到实现目标的手段和个体自身在努力实现愿望过程中的坚强的意志品质。

总结发现，拥有清晰可见的愿望、实现自己愿望的手段，以及在完成愿望过程中的所坚持的意志品质是希望获得的重要因素。在个体希望获得的过程中，个体愿望的完成是最关键的环节。无论愿望实现的难易程度有多大差距，在希望获得的过程中一定要有自身独特的价值体现。最重要的是，愿望的完成一定要有价值，没有价值的愿望目标根本不可能产生希望。最后，目标要贴近我们的现实生活，目标的选择要积极向上。

六、积极人格理论

（一）宣传人格的积极方面

传统的心理学研究特别强调问题心理、不健康心理和消极心理等众多不良的心理现象。与此不同的是，积极心理学开辟了一种新的、积极的心理学研究方向。它的主要观点是主张每个人都应该保持积极的心理，存在积极的信仰和积极的力量，用积极因素去克服消极因素，用内心的积极力量去消除和克服自己内心的悲观消极力量。心理学家塞利格曼强调，人的身上都有六种美好的品德，然而人的身体同时存在二十四种积极的人格。可见，积极的人格是非常重要的，它在心理学研究过程起到了重要作用。

（二）多因素作用中的人格形成

积极心理学认为，每个人的人格都是自身原因、外在因素和外部大环境相互作用形成的。因此，我们在进行积极人格研究与分析时，不能只看到自身因素的影响，也要注重外在的、大环境的影响，它为个体的人格发展提供了外部条件和发展空间。

（三）人格的能力与形成过程

积极的人格一旦形成之后，就会对人的发展产生潜移默化的影响，能挖掘人的潜能，开发人的智力，激发人的思维，使人们不论做什么事情都能得心应手、游刃有余，对人的生活、学习和工作起到不可替代的作用。积极的人格是一盏启明灯，指引着我们生活的方向，使我们的人生更辉煌、更美好。积极的人

格，既受先天因素的影响，也受到社会复杂的大环境的影响。人们后天所经历的不同事情也会导致不同人之间形成不同的人格。在积极的环境中成长，人们往往会受其影响，形成积极的人格特征。

第五节 积极心理学视域下高职生人生观教育途径

一、高职生主流人生观教育途径的再发展思考

对高职生进行人生观教育是学校教育的使命之一，政治理论课是广大高职生共同参与的课程，并且课时长达两年半，其重要性不言而喻。然而，政治理论课作为学校对学生进行人生观教育的主战场，却长期受到诟病。由于政治理论课程多采用灌输式教育模式、一次授课人数多、教学质量评估手段单一、课程内容与现实常有脱节等情况，都让在校高职生对政治理论课难以"感冒"。从目前的情况来看，改善高职生对政治理论课的态度并提高其参与热情，可以从以下几方面进行。

（一）转变教学模式，增进积极体验

以往政治理论课课堂就是，"教师一个人在讲台上滔滔不绝地唱着催眠曲，高职生一个个地在座位上睡得昏天黑地"。教师和高职生之间没有互动就谈不上体验，教师只顾着念课本，而高职生就正好开小差。其实，增进积极体验的方法有很多，教师可以灵活应用多媒体教学、多开展线上互动，将枯燥乏味的灌输模式改为教师与高职生相互交流的课堂模式。这种模式能够激发高职生的学习兴趣，让高职生愿意学、自主学；能够让高职生获得良好的学习经历，当高职生满意过去的学习经验时，更容易激发他们进一步参与课堂学习的兴趣；能够使教师在交流过程中对高职生学习情况给予及时反馈，帮助高职生积极完成后续课程。

（二）转变主体模式，高职生当家做主

将人生观教育的主导权交还给高职生是高职生人生观教育的趋势，高职院

校政治理论课应把握这个趋势，借助"自我教育"的风潮让高职生掌握成才的主动权并且帮助高职生使用好这项权利。

高职生成为教育主体并不意味着教师地位的丧失，反而使教师处于更加重要的地位。将教育的主体地位交还给高职生，就要求教师做到以下几点。

第一，不断提高自身素质。在教师向导师、教练、师傅等角色的转变中，要求教师对本专业知识要更加精深，还要广泛学习社会学、哲学、伦理学等大文科类的通识知识，以便更好地辅导高职生。

第二，帮助和鼓励高职生参与社会实践活动，让高职生通过实践测量自己的知识水平和能力素养，帮助高职生更好地认识自己和剖析自己，让高职生学会独立思考和独立执行。

二、高职生心理健康协会在高职生人生观中的应用思考

自20世纪80年代中后期，我国高职生心理健康教育逐步发展，经过30余年的努力，不仅在思想认识上有了极大的提高，还在师资投入、硬件配备、团体辅导和个体咨询上有了一定的成绩。但由于长期学生基数与咨询团队配额不平等、专职心理咨询师配备缺乏，在高职生心理健康问题上只能对高职生的整体普遍关照，以及对个别有心理问题的高职生特殊照顾。

按照18岁考入大学的年龄来看，对处于心理发展期的高职生进行人生观教育的心理成长辅导是十分有必要的，不仅能够帮助高职生正确面对高职生活和学习压力，还能够帮助他们积极面对生活、积极发展个人价值，同时有助于高职生树立正确的人生观，用端正的态度处理生活中出现的各种问题。

与传统心理辅导相比，积极心理辅导增强了心理辅导的积极取向，强化了心理辅导者积极的人生观和价值观，拓展了心理辅导方法和策略的积极价值。

从目前高职生心理健康教育发展来看，为缓解高职生的心理问题、预防各种不幸事件的发生，高职院校做了很多努力，如高职生入学心理问卷的人格分析和筛查、全天开放的校内心理咨询室等。这些确实通过积极防御和介入使得整体高职生心理水平趋于稳定状态。但我们也要看到，近年来高职校园发生的自杀、谋杀等恶性事件逐年上升。对高职院校的心理健康教育者来说，这不仅是对高职生心理健康素质提高的挑战，还影响着教学和校内管理。基于此，心理健康协会

应运而生。

（一）转化积极的情感体验

从"做中学"是教育家杜威的重要观点，这不仅是国家科学教育改革项目的核心，也是学生真正参与教育活动的保障。

心理健康协会从成立开始就具有积极心理学的性质，其依据高职生心理需求的自我普查，使高职生从自我检测出发，主动寻找问题的原因和科学的理论解释。心理健康协会的内部成员通过自发组织策划活动进行科普宣传、团体辅导等方式为学生群体讲授自己学到和体验到的成果。这些自我发现、自我探寻、自我组织、自我宣传的过程都由社团成员协作完成，这本身就是一种"亲身经历"的积极体验。"体验"通过合作完成，在完成过程中难免遭遇难以预见的困难，这种协作解决困难的能力不仅是对积极体验中"消极"方面的补足，还培养了高职生的合作意识和协作感。

（二）培养积极的人格品质

高职生从亲身参与心理健康协会的活动中得到积极体验，从中挖掘自己的积极品质。有些高职生勤于思考善于提问、有些高职生行动力强有领导能力、有些高职生长袖善舞善于宣传，这些优秀的个人品质不断在实际活动中被他们自己挖掘出来。看到自己的某些品质通过实践检验得到认可和激励，高职生会自发形成对这种优秀品质的人格倾向，间接促进了积极人格的形成，同时由于被赞赏和被肯定，高职生更愿意付出努力巩固这种品格优势。在这种积极体验中，高职生体验到的对个人"才能"和"挑战"的需求处于相生阶段，使他们在参与心理协会活动的时候产生心理高峰体验，更能从心流中感受到被需要和被尊重，这实际上是一种主观幸福感。

（三）发展积极的管理体系

目前，高职院校心理健康教育多是自上而下的构建体系，心理问卷排查、心理辅导等都是由学校牵头组织，各院分配任务指标完成的。在集体层面上有一定的普遍意义，但是在高职生个体挖掘自身优势品格和培养积极人格方面并不能起到很大的作用。

心理健康协会的产生和发展是高职院校心理健康教育理念积极转型的成果。将自主权交还给高职生，由高职生自己决定感兴趣的问题，自组团队、自行分工，独立完成成果发布和宣传分享。在这个过程中，心理协会的辅导教师仅仅起着引导方向和咨询顾问的作用，高职生在"项目"设计初期会和辅导教师商量可行性并安排进程，以及高职生有问题不明白又无法解决或有事需要请教师参与才会寻求教师的帮助，其他时间教师不主动插手。这是对高职生自主学习能力的认可，同时这也要求辅导教师对心理学、思想政治教育学、教育学等方面有系统的学习经历，才能够从容不迫地充当高职生的"项目顾问"。在活动结束后，辅导教师和高职生进行活动体验分享，高职生可以畅谈感想和收获。在表达过程中，高职生能够更好地对亲身经历的积极体验进行内化，不仅能收获知识和友谊，也能促进积极人格的培养。通过对近年高职生心理健康教育活动的研究成果分析，发现虽然高职院校心理健康教育得到了越来越多的关注，但大部分高职生仍旧抱怨生活没有意义、看不到未来的方向，想改变又没有方法和条件等问题。高职院校过多地关注问题学生，将过多的资源分配在解决个别学生的心理问题上，而没有切实关注普通高职生要求完善自我、积极体验的普遍呼声，认为高职生在学校中"不出事"地平稳度过四年就是心理健康。

将积极心理学引入高职院校心理健康教育工作，能更合理地分配高职院校的心理健康教育资源。其通过帮助高职生学习和运用积极心理学理论，让他们通过自助方式锻炼心理素质而不需要教师逐一教育，合理地整合了教学资源。随着高职生心理素质的不断提高，能够形成以自我管理为主的首道防御机制。通过积极人生观的培养，高职生能用开放的、积极的思维和态度去面对困境，确立人生价值和人生追求，并且能用积极的人生态度去实现自己的追求，不再将目光局限在消极的事件上，学会用积极豁达的眼光和态度看待人生漫漫长路。

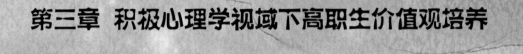

第三章　积极心理学视域下高职生价值观培养

近年来，运用积极心理学的理念指导高职院校心理健康教育工作受到了人们的广泛重视。积极心理学主张"关注人类自身的积极因素，通过不断地激发人自身内在的积极力量和优秀品质来获得良好的生活"。这一理念对于研究开发高职生的积极品质、提升其自信心、促进其全面发展及推进高职院校心理健康教育有着十分重要的作用，特别是对于提升高职院校学生的自信心，培养其正确的价值观具有更加突出的意义。

第一节 价值观与价值观培养

一、价值观概述

价值观是指个人对客观事物（包括人、物、事）及对自己的行为结果的意义、作用、效果和重要性的总体评价，是对什么是好的、是应该的总看法，是推动并指引一个人采取行动的原则、标准，是个性心理结构的核心因素之一。它使人的行为带有稳定的倾向性。价值观是人区别好坏、分辨是非及其重要性的心理倾向体系。它反映了人对客观事物的是非及重要性的评价，人不同于动物，动物只能被动地适应环境，人不仅能认识世界是什么、怎么样和为什么，还知道应该做什么、选择什么，发现事物对自己的意义，确定并实现奋斗目标。这些都是由个人的价值观支配的。价值观决定、调节、制约个人的需要、动机、愿望等，它是人动机和行为模式的统帅。一旦确定则反过来影响并调节人进一步的需求活动。

（一）价值观的特点

价值观具有相对的稳定性和持久性。在特定的时间、地点、条件下，人们的价值观总是相对稳定和持久的。比如，对某种事物的好坏总有一个看法和评价，在条件不变的情况下这种看法不会改变。但是，随着人们经济地位的改变，以及人生观和世界观的改变，这种价值观也会随之改变。这就是说，价值观也处于发展变化之中。价值观是人形成的一种关于某种价值的观念，它具有持久、稳定的特点，而且会一直支配着人的日常行为和活动。

（二）价值观的作用

价值观对人们自身行为的定向和调节起着非常重要的作用。价值观决定人的自我认识，直接影响和决定一个人的理想、信念、生活目标和追求方向。价值观的作用大致体现在以下两个方面。

①价值观对动机有导向作用。人们的动机受价值观的支配和制约。在同样的客观条件下，具有不同价值观的人，其动机不同，产生的行为也不相同。动机的目的和方向受价值观的支配，只有那些经过价值判断被认为是可取的动机，才能转换为行为。

②价值观反映人们的认知和需求状况。价值观是人们对客观世界及行为结果的评价和看法，因而，它从某个方面反映了人们的人生观和价值观，反映了人们的主观认知世界。

（三）价值观的内容

价值观包含很多内容，在此以人生价值观和职业价值观为例进行简单介绍。

1.人生价值观

人生价值是一种特殊的价值，是人的生活实践对于社会和个人所具有的作用和意义。选择什么样的人生目的，走什么样的人生道路，如何处理生命历程中个人与社会、现实与理想、付出与收获、身与心、生与死等一系列矛盾，人们总是有所取舍、有所好恶的，对于赞成什么反对什么、认同什么抵制什么，总会有一定的观点。而这种观点表现出来的就是一个人的人生价值观，人生价值观就是人们在认识、评价人生活动所具有的价值属性时所持有的根本观点和看法。

在关于人生的思考中，回答"为什么"的问题，即人生目的问题，要以人生的价值特性和对于人生的价值评价为根据。一个人自觉地追求自己认定的人生目的，是因为他对自己选择的生活做了肯定的价值判断，认为这样的生活具有价值或者能够创造价值。在关于人生的思考中，回答"怎么样"的问题，即人生态度问题，同样要以对人生的价值判断为根据。而人们对人生价值的评价与判断都

体现了他们的人生价值观。

2. 职业价值观

职业价值观指人生目标和人生态度在职业选择方面的具体表现，也就是一个人对职业的认识和态度，以及他对职业目标的追求和向往。理想、信念、世界观对于职业的影响，集中体现在职业价值观上。

俗话说："人各有志。"这个"志"表现在职业选择上就是职业价值观，它是一种具有明确目的性、自觉性和坚定性的职业选择的态度和行为，对一个人的职业目标和择业动机起着决定性的作用。

由于每个人的身心条件、年龄阅历、教育状况、家庭影响、兴趣爱好等方面的不同，人们对各种职业有着不同的主观评价。从社会角度来讲，由于社会分工的发展和生产力水平的相对差距，各种职业在劳动内容、在劳动难度和强度、在劳动条件和待遇、在所有制形式和稳定性等诸多问题上，都存在着差别。再加上传统思想观念等的影响，各类职业在人们心目中的声望地位便也有好坏高低之见，这就形成了人的职业价值观，并影响着人们对就业方向和具体职业岗位的选择。

每种职业都有各自的特性，不同的人对职业意义的认识，对职业的优势和劣势有不同的评价和取向，这就是职业价值观。职业价值观决定了人们的职业期望，影响着人们对职业方向和职业目标的选择，决定着人们就业后的工作态度和劳动绩效水平，从而决定了人们的职业发展情况。哪个职业好，哪个岗位适合自己，从事某一项具体工作的目的是什么，这些问题都是职业价值观的具体表现。

二、培养正确的价值观

（一）正确看待财富

"我哪有什么财富呢？作为一位年轻人，买不起车，买不起房，日子过得紧巴巴的，你看人家……"经常有人发出这样的感慨，其实我们对财富的理解是片面的。

第一，财富并不只是权力、金钱，它们只是财富中比较引人注目的一种而已。俗话说得好："三穷三富不到老。"人的一生如潮起潮落，漂浮难定，在潮头风光时要看到落到潮底的危险，在潮底的时候则要有向高峰冲击的信心和行动。比尔·盖茨中途退学时，谁会想到他能成为世界首富呢？

这样的例子数不胜数，世界上任何奇迹都有可能发生，其前提只有一点：我还活着，我要努力行动，我有信心，这是人一生中最宝贵的财富。

第二，财富就是今天我们所拥有的一切，请万分地珍视它们。你大学毕业后即可就业，前途光明。家很温暖——这份亲情是财富，终生值得珍惜。虽然你没有发财又很想发财，但没有去偷、去抢、去骗、去胡作非为，勤俭持家，虽然不富裕，可还是乐于助人，亲戚关系融洽，同事朋友们喜欢与你在一起，这种善良品德、气节操守、为人处世也是你弥足珍贵的财富。我们也许没觉察到它们的重要，但它们终究会给你一份回报。

第三，你的抱怨表示你对现状有所不满，你在试图努力改变它们，在追求你想要的东西。这种欲望、上进心也是财富。也许现在的不如意、逆境、挫折乃至苦难都让你觉得难过，但这都是你的财富！古今中外，凡成大事者，无一不是从苦难中走来的。在逆境中，我们会经受各种考验与锤炼，百炼成钢，成就我们非凡的意志品质和能力，"苦其心志，劳其筋骨……曾益其所不能"。逆境并不可怕，可怕的是你把它看成结局而不是过程。

（二）正确处理理想与现实的关系

人是生活在现实和理想、物质和精神的世界之中的。现实世界、物质世界是人得以生存和发展的基础，理想世界、精神世界则是人生活的动力和价值取向。只推动任何一个世界，都不能算是真正的人的生活。我们主张每个人都应该有他一定的物质利益，反对将个人利益置于社会利益之上，反对唯利是图、损人利己。我们提倡的是将理想和现实、精神和物质统一起来，将个人利益和集体利益结合起来，把个人理想融入全体人民的共同理想当中，把个人的奋斗融入为祖国社会主义现代化建设事业的奋斗当中。树立正确的、科学的价值观，不仅要有马克思列宁主义、邓小平理论、"三个代表"重要思想等正确的理论为指导，更要勇于实践，在具体的学习生活实践中培养、形成和提升自己的价值观。

年轻人作为未来社会建设者的一支重要生力军，影响其人生价值观形成和发展的因素必然是多方面的，因此不仅需要调动社会、单位、家庭等各方面的积

极性，共同做好工作，更需要我们每个年轻人自觉实践，勇于探索，读书好学，多思好问，革新创造，特别是注意要从点滴做起，从身边小事做起，求真务实，把单位和党组织的思想政治教育渗透到我们的日常学习、生活的各个环节之中，加强社会价值的行为规范，经过价值实践的反复强化，锻炼敏锐的思维，形成良好的判断能力，进而确立正确的人生价值观，努力使自己成为21世纪社会发展需要的会生存、善学习、勇于创新的复合型人才。这样才能在整体上有效地帮助我们每个年轻人树立正确的价值观，摆正社会价值和个体价值、道德价值和功利价值的关系，确实地肩负起中国特色社会主义现代化建设的伟大使命，真正实现人生价值。

（三）重视"家庭"第一教师的积极作用

中国的传统文化塑造了中国人思想内根深蒂固的"安土重迁"思想。从古到今，家庭对孩子一直产生着巨大的影响。可考证的家庭对孩子的影响最早可追溯到《周易》。

先辈留其贤而后人是为孝廉，先辈为老不尊而后人是为违信弃义。家庭对孩子的影响是复杂的，从系统的角度来说可归结为两方面：一是积极健康的影响；二是消极懈怠的影响。家庭教育需要注重方式方法才能起到积极的心理引导作用，何为积极正确的方式方法？援引各处资料，得出以下几种可使家庭教育在无形之中将积极心理学运用到高职生的价值观培育之中的教育方法。

1. 树立榜样

家庭教育的中心是帮助孩子树立独立健康的人格。孩子童年时，父母在孩子眼中的形象无疑是高大的，因此父母是孩子的榜样。即便是在孩子成年之后，步入了大学或者说是具备独立的思考和辨别能力之后，父母对孩子的影响仍然是不能抹去的，因为父母对孩子的影响早在孩子具备独立思考和辨别能力之前就已经定型了。因此，父母在孩子心中树立良好的榜样是十分重要的。

2. 重视语言表达

语言是神奇的东西，特别是中文其博大精深令其神奇性得到了加强。在中文里，同样的一个词语因为发音或者语气的改变都可能会使原意发生巨大的改变。因此在家庭教育中，必须重视家长的语言表达，必须以看待艺术的眼光来看待家长在家庭教育中的语言表达问题。

3. 以鼓励为主

鼓励是激励机制中的一种。虽然现代社会研究表明，在批判之中惩罚机制比鼓励机制更加有效，但是不可忽视的一个问题是，激励机制的研究是基于工作中的人得出的结果，并不一定适用于家庭教育。家庭教育的目的是鼓励孩子树立积极健康的独立人格，不是为了提高产量或者提高生产效率，因此在家庭教育中激励机制的应用应当是以鼓励为主的。

第二节 高职生价值观培养与积极心理学的相融性

（一）理念的相似性

理念是贯穿于某一学科整体的一种主观认识，它对整个学科起着统领的作用，决定着这一学科的研究对象、方法选择和未来走向。理念相似的学科，往往能够在长期的发展过程中相互影响、相互交流，从而扩展和完善本学科，甚至融合、细分出全新的学科。

从宏观上来说，当代高职生价值观培育在注重价值观培育工作社会性功能的同时，更加关注培育工作的个体性功能。从微观上来说，当代高职生价值观培育是旨在通过多种多样的方法、途径、手段，让高职生能理性地区分正误、判断是非曲直、辨别善恶美丑与荣辱得失。所谓价值观就是人们对主观世界的认知，价值观支配着人们的行为，也使人们追求更有意义的事或者是物，激励着人们去完成理想，实现自身的价值，达到目标。积极的价值观对高职生来说有着积极的指导作用，也只有树立积极的、正确的价值观才能指导高职生更健康积极地生活，错误的消极价值观只会将人带入迷途。

（二）目标对象的一致性

简单来说，高职生价值观培育和积极心理学的目标对象都是"人"，他们

都是以研究人的某些心理和行为为基础，以正向影响人的心理和行为为目的，并采取多样化的方法和途径来达到目的的。积极心理学的目标对象是一切人类，这一目标对象范围大、复杂程度高、个体差异性强，这使积极心理学的研究容易产生大量丰富的成果，有宽广的发展空间，但这些成果往往不成体系，或粗略浅显，或难以推论。

高职生价值观培育的目标对象是积极心理学目标对象的一个组成部分，它既具有作为"人"而存在的普遍性，又具有作为"中国当代在校的高职院校学生"存在的一些特殊性质。其中普遍性为高职生政治思想朝着积极的方向发展提供了借鉴，而特殊性则使这种借鉴更加精确、深入和有效。将积极心理学的方法借鉴到高职生价值观培育中来，于前者是一种专业化发展的路径，于后者则是拓展思路、开辟方向、优化创新的进程。另外，积极心理学已经在针对高职生的研究中取得了一些解决高职生心理问题、开发高职生潜能、塑造高职生行为的相关成果。

（三）方法手段的互补性

在长期的理论研究和教育实践中，中国高职生价值观培育者探索出了一系列有效的教育方法，总结出许多宝贵的经验，逐渐构成了一整套富有中国特色的高职生价值观培育方法体系。这一体系以理论教育法、情感育人法、实践体验法等方法为主，注重教学相长、情理相融、知行合一。长期以来，中国广大的高职院校工作者都以此为开展培育工作的指导，并根据所处的教育环境和对象情况等客观条件以及自身的经验和认识进行相应的微调。然而，近年来中国的发展速度越来越快，当代高职生价值观培育方法理论存在一定程度的滞后性。

积极心理学的培养方法有构建情景法、培养人格法、辅导心理法、体验情感法。它们大多借用了传统心理学方法的外在形式，将积极心理学的理念填充进去，来进行试验和心理辅导的实践。因此，积极心理学的方法具有丰富多样、灵活多变的优点。

将积极心理学丰富灵活的方法纳入中国高职生价值观培育方法理论体系的主干中来，不仅能够推进积极心理学方法的本土化、系统化，更能够改进和创新现有高职生思想价值观培育方法，提高高职生价值观培育工作的实效性。

（四）需要是人产生积极性的动力源泉

需要指的是培育价值观过程中的驱动力需求，它可以使人们为了获得满足而采取行动。现实中的人们所追求的成功、智慧、幸福、健康，其主要目的是满足自己的内在需求，因此应尽可能对人的基本需求进行满足，引导发展心理，从而激发积极需求，让人有积极的抱负、思想和理念。现如今，培养高职生的价值观就是为了让高职生的基本需要得到满足，其中个体的需要不仅只是表面上对物质的需求，还有对社会的深层需求。正是这些强度不一、层次不一的内在所需构成了发展动力，其对于高职生社会主义核心价值观的建立以及社会的发展都有着非常重要的意义。所以现在我们要对高职生的一些需要做出合理性承认，把与其相关的成才工作做到实处，尽可能地满足所需。

（五）积极的认知过程是价值观培育中的心理加工机制

积极心理学指出，所有接受行为内部的心理组织就是主体认知感。在主体和客体彼此的互相作用过程中，人们会通过一些诸如想象、记忆、思维、思考以及感知等心理反应形成一种新的知识和观念。同时，已经在人们心中形成的思维模式、经验结构以及认知水平会对目前价值的观念、价值的体系、价值的标准进行新的选择与认知。对比之下，积极心理学主要对积极的主动接受的过程加以强调。在对个人的价值观进行培育的过程中，一方面要重视从上到下的正确教育过程，另一方面教师要转换教学的思维与角度，以高职生的角度接受价值观的基本模式为起点，有效地、充分地对接受表现的心理活动进行掌握。在进行学生的价值观培育时，教师要把自己讲授的教育方式和让学生体验的方式进行有机结合，这样不仅充分发挥了教育积极性，也关注了学生的精神所需，培养了学生对价值观的意识和接受力。

（六）积极的情绪体验在价值观培育中起心理调节作用

所谓积极的情绪体验就是个体对过去满意地接受，对现在状况的感受，并且对自己的未来满怀期待的一种心理。有心理学家认为，主观愉悦的情绪体验，可以提高个体的活动力和积极性，提高个体自身的创造性。另外，心理的体验过程就是我们个体心理品质的形成过程。一个人有积极的心理就能培养自己的智

慧、乐观性格，就能培养自己的责任感。

在心理学研究上，一些非逻辑的因素如习惯、意志、情感等对于人的实践与认知过程都有举足轻重的调节作用。教育环境一样，人们就会有同样的认知与思维的能力，但是在人生价值观的接受和形成上会存在很大的不同。这种原因的产生可能和个体的意志与情感对价值的调节有关，所以价值观培育的关键就是看能不能激发高职生的情感体验。如果高职生受到肯定信息的影响时，就会很容易对其表现出接受的态度；相反若高职生的情绪受到否定信息的影响时，就会表现出抵触、厌烦、不满的负面态度。所以我们对高职生的价值观进行培育时要重视其积极情绪，创建良好的体验环境，着重寓情于理，充分坚定现代高职生的社会发展信念，将一些意志、情感因素积极地转化为可以接受的动力条件。

第三节　积极心理学视域下高职生价值观的培养策略

（一）构筑高职生心理激励的社会环境

1. 营造良好的国内环境

中国正处于社会主义市场经济条件下社会加速转型的重要时期，高职生面对越来越复杂的环境如何树立正确的价值观成了一个巨大的考验。高职生价值观极易受社会环境变迁的影响。在当前的条件下，社会群众的价值观念表现出烦琐复杂多样的状态，各种各样的价值观互相冲突，在某种程度上影响了人们尤其是高职生的思想，使得高职生产生迷茫，出现了许多道德失去规范的情况。如何找到正确的方法帮助高职生树立正确的价值观是一个迫切需要解决的问题。而营造良好的国内环境是帮助高职生树立正确价值观的基础和前提，具体分为政治、经济、文化三个方面。

政治方面。政治环境是社会进步的一个重要衡量指标，也是国内风气好坏的风向标。当前社会上存在的不正之风和消极腐败现象，不仅对党的威信造成了影响，还对现在高职生人生价值观念的树立产生了许多负面影响。国家应在政治上狠抓严打这种不良的政治风气，使政府部门做到真正为人民服务、为人民谋利，进而引导高职生树立刚正不阿、思想正派的作风。

经济方面。在社会主义市场经济大转型和国际经济形势风云变幻的复杂情况下，国内的经济环境也是变化不定。特别是改革开放和加入世界贸易组织以后，渐渐形成了多元化的经济体制，在多元化经济体制的导向之下形成了各种不同的多元价值导向，这也就诱导了不同价值观的形成。政府部门应当加强经济建设，稳定经济市场，为高职生提供一个平和的经济社会，帮助当代高职生树立正确的价值观并为实现中国特色社会主义现代化而努力。

文化方面。五千多年的中华文化决定了中国人思想深处稳重的气质，绝大多数人都继承了数千年来逐步形成、发展并代代相传至今的主流价值观。进入近现代以来，随着西方思想的传入和改革开放的深入发展，国内的文化也开始发生了多方面的变化，各种文化相互交流、相互吸收。高职生在文化生活中应当注意分辨各种文化，努力学习先进的文化，抵制落后、腐朽的文化，对传统文化取其精华，弃其糟粕。

物质基础决定了上层建筑，上层建筑又反作用于物质基础，其中政治、经济、文化三方面对高职生正确价值观的树立有巨大影响，而高职生正确价值观的树立也会反作用于政治、经济、文化三方面。高职生在价值观的培育中，不能在对待大环境上出现以偏概全的情况，应当树立全球的、战略的、全局的眼光来观察格局，进步自己，为自己正确价值观的培育开山修路。

2. 营造良好的国际环境

在当前国际环境相对稳定的情况之下，其对高职生价值观的培养有促进也有阻碍。促进是好的社会环境给高职生培养正确的价值观提供了稳定和平的环境，即使是稍有动荡的环境也是对高职生的一种锤炼。但是如果出现严重的动荡那就不利于高职生的发展了。这种国际环境不仅仅包括文化或者政治、经济的一方面，而是三者相融合的大环境。因此，世界各国共同努力创建一个积极的、和平的国际环境是十分必要的。

高职生在和平的、有利的社会环境之中应当充分利用好这种条件，使其真正对自己价值观的培育产生积极的促进作用。高职生应该学习国内、国际的正确

价值观下的先进知识，用主流的价值观对其进行筛选和选择，用马克思主义和社会主义核心价值观对其进行特色改造，使其更加适合自己。

（二）开展多样的心理激励宣传教育，促进高职生加强自我认知

心理学上的自我暗示也叫自我肯定，是对一些事物积极有利的描述。莫顿曾提出自动实现这个原则，他觉得人们拥有能够将预言于无形中实现的能力，这就是心理暗示的作用。诚然，心理暗示在实际中与心理学对其的定义有所不同。暗示的方式有好有坏，暗示让预言实现的方式也不尽相同。现实生活中我们常常看到一些消极的、不好的心理暗示，导致事物向着消极的方向发展，这一点是不可否认的。

回归到当代高职生价值观的树立，不难发现一些问题。当代高职生由于年轻，知识层面以及社会经验等有所不足，对社会一些现象的观察和对自我的认知难免会只停留于表面，以偏概全，导致对社会、对自我认知的歪曲。为了使高职生树立正确的价值观，必须想办法引导其形成正确的自我认知和对社会现象的正确理解。因此在对高职生价值观的培育之中，对其进行正确的自我认知和自我暗示是不可缺少的。

自我暗示、自我认知的方法并不难，需要的是高职生的坚持和细致。日常生活中我们常说的早晨起床给自己一个大大的微笑，对自己说一声我能行，少否定，多鼓励等，都是最简单的，也是比较切合高职生实际的一种心理暗示方法。另外高职生也可以寻求心理咨询师或心理辅导师的帮助，说出自己的疑问，让咨询师、辅导师对其自我暗示方法做出系统的合理规划。而自我认知就需要高职生主动去探寻自己的思想世界了。高职生应当对自己负责，要能正确地看到别人的优点，也要能准确地看到自己的优点；既能看到别人的短处，也要能看到自己的不足。不要高估或者看低自己，要通过合理的方式正确认识自己。

转变思维，我们也可以令自我暗示和自我认知相互作用，用积极的自我暗示去引导正确的自我认知，用正确的自我认知来引导积极的自我暗示，这两点相互结合作用于当代高职生的价值观培育之上，效果应当是明显的。

（三）引导高职生对核心价值观的高度认同

人的根本属性在于社会性，人是社会的人，当个体的人的价值观念、思维方式与积极的社会价值观念、主流意识相契合的时候，他的活动就能够得到社会的肯定，就会被社会接纳，得到社会的支持。"个人品质的形成离不开良好的群体环境，积极心理学把积极的社会环境分为积极的社会大环境，如使公民有责任感、有职业道德的国家法律法规；还有积极的社会小环境，包括健康的家庭、关系良好的社区、有效能的学校、有社会责任感的媒体等。"无论积极的社会大环境还是积极的社会小环境都要求我们建立各类和谐的关系，而这必须建立在对核心价值观、对社会主流意识高度认同的基础上。

（四）培养高职生较高的人际沟通水平

人是社会的一部分，人们要共同完成很多活动，人际沟通就必不可少。人际交往是人与人的互动、沟通与交流，通过人际交往可以促进个体社会化程度的提高和人格的成熟。良好的人际交往，可以使高职生在交往中占据主动，驾驭局势，从而提升自信、建立和谐关系，还可以使其纠正人际交往中的不良心理倾向，以良好的心态与人交往，树立与人交往的信心，从而树立正确的价值观。一个人自信与否通常在与人交往时表现得非常明显，自信心差的人往往看不起自己，过于高看别人，与人交往和相处中，往往显得很不自然，这必然很难建立和谐关系。同时，这种人际交往中的挫折与失败，又会反过来进一步打击和影响一个人的自信程度，潜移默化地影响他的价值观。

（五）培养悦纳自我的积极心态

著名舞蹈家邰丽华说："其实所有人的人生都是一样的，有圆、有缺、有满、有空，这是你不能选择的。但你可以选择看人生的角度，多看看人生的圆满，然后带着一颗快乐感恩的心去面对人生的不圆满——这就是我所领悟的生活真谛。"

自信给人以力量，给人以快乐，我们每天需要保持积极向上的良好心态，哪怕今天心情不是很好，但是我们也要尽量地往好处想，给自己积极的心理暗示，以便尽快从不良情绪中摆脱出来。要掌握一些调节心境的办法：符合社会整

体要求，与人为善，保持微笑，昂首挺胸，合理安排个人日常生活、工作、学习等各项活动。我们要悦纳自我，不妄自菲薄，多发现、赞美和欣赏自身及别人的长处，采用一种积极、乐观、平等的态度与人相处，这样，就会得到自我肯定，同时获得别人的接受与认同，从而进一步和谐各类关系，提高自信。

（六）培养克服困难的勇气和能力

俗话说"人生不如意者十之八九"，也就是说，人的一生会遇到一些高兴、幸福、顺心的事，同样也会面对很多的挫折和苦难。面对艰难困苦，我们要学会保持一种积极的人生态度，要培养克服困难的勇气，提升克服困难的能力，要学会自我反思，思考失败的原因是否是自己的目标脱离了实际，自我要求是否过高；同时，要不断告诫自己，没有任何事是停滞不前的，学会用积极乐观的态度去面对，事情会变得简单，对人的影响力也会大大减少。要懂得困难对于弱者来说是绊脚石，对于强者来说是垫脚石。学会自我安慰、自我暗示、自我激励。

第四章 积极心理学视域下高职生幸福观培养

积极心理学一向主张要以积极主动的态度面对问题，迎接挑战，对高职生进行幸福观教育也要营造全方位的积极幸福氛围。借鉴国外开设幸福课的有关经验，结合中国实际，有效开展校内与校外相结合的实践教育，教育与交流相结合的对话教育，科学与人文相结合的关怀教育。要集合全体教师和管理者的力量，综合开展高职生幸福观教育，将其融入德育、智育、体育的大系统中。高职院校幸福课的开设要以关联幸福为核心，重点帮助高职生了解幸福的真谛，让他们明白追求幸福才是人生的终极目的，要把握当下的幸福，掌握幸福的方法，进而树立科学的幸福观，走向幸福生活。

第一节　幸福与幸福观

一、幸福

幸福到底是什么，不同时期、不同处境的人会给出不同的答案。就像海市蜃楼的景物，在天水一线之处隐约显现，诱使人们去追寻，但当人们真正靠近时，它却悄然隐遁。幸福在不同的阶段具有不同的内容。在人生的不同阶段，人们对幸福也会有不同的理解和企盼。罗素认为自身兴趣的广泛化才是获得幸福的根本。英国心理学家丹尼尔·列托将幸福分为三个层次：知觉的层次，即感情和情绪，快乐和愉悦是幸福的感情基础；认知的层次，即对感情的判断，对生活中幸与不幸、满足还是不满足的综合体会和评估；生命的层次，即生命的旺盛状态，人的潜力得到尽可能的表达和体现，是一种主动的生命建设。积极心理学之父马丁·塞利格曼将幸福定义为愉快的生活、充实的生活和有意义的生活，其中每一个都是可以单独塑造和衡量的。哈佛大学幸福课讲师本·沙哈尔认为，幸福是对快乐和意义的综合体验，一个幸福快乐的人总是享受积极的情感，而且其生活是有目标的。综上所述，本书认为幸福是指对当前生活感到满足和快乐，对未来自我的目标感到有意义的一种综合体验，二者相辅相成，缺一不可。

二、幸福观

（一）幸福观的内涵

幸福观是人们对人生幸福的基本观点，是人们关于幸福目标、幸福动机、幸福手段、幸福标准、幸福效果等问题所持态度的观念系统。幸福观是人们在具体的幸福感基础上加工抽象而来的，是社会整体对于幸福以及幸福感的普遍共识，并作为社会意识的重要内容影响着特定文化背景下人们的具体幸福感。个体的幸福观受多种因素的影响，时代、地域、阶级、民族、性别、职业的不同，导致每个人对幸福的理解和观点就不同，表现形式也各异。个人追求幸福的有计划性和全社会的无计划性，个人追求幸福的有目的性和全社会对幸福追求的盲目性，这种矛盾冲突同样在一定程度上影响了人们对幸福的追求。高职生作为特殊的群体，面对生活的各种挑战，其世界观、人生观、价值观都有很大的可塑性。他们有一定的是非分辨能力，渴望追求美好生活，对幸福有独特的认识，但大多停留在感性阶段。高职生幸福观的内涵是指高职生对什么是幸福、为什么要追求幸福及怎样实现幸福等方面的认识，包括幸福目标、幸福动机、幸福手段及幸福标准等内容。幸福目标是幸福观的核心，是高职生所认为的幸福生活应当达到的境况；幸福动机是激发高职生去追求幸福的动力和原因；幸福手段是指高职生通过何种途径来获得幸福；幸福标准是高职生对幸福生活所应包含的内容和指标的认识。

西方历史中有关幸福观的研究早有体现，在哲学层面，阿兰认为幸福是微笑的、简单的快乐，为人们对幸福的理解提供了普遍适用的哲学智慧。罗素在《幸福之路》中指出，"幸福就是快乐"，"要使个人获得幸福，使一个人在生活中奉行不变的准则，那么，他就需要更深刻地思考和感受他的理智告诉他的一切"。在心理学层面，詹姆斯·爱伦在《幸福的蹊径》中指出，"幸福源于高尚品格，善于自省、自立等是人们通向幸福的蹊径"。罗素在《俗物的道德与幸福》中分别论述了幸福和不幸的来源，"根本的幸福有赖于对人和物的友善关怀"，"当心理分析上的压抑以任何形式出现时，人就不可能有真正的幸福"。在社会学层面，斯特凡·克莱因在《幸福之源》中指出，"社会应当提供一个公

正自由的环境，人们才能过上幸福生活"。弗格森在《幸福的终结》中，从宗教信心、道德、激情、信念、感官性五个方面，分析了西方现代社会在宗教社会学上的幸福价值观。

中国历史上对幸福观的理解主要有，儒家幸福观，强调行善和苦修，注重社会整体利益的实现和个人德行的全面发展；道家幸福观，认为自然万物的本然状态是最好的，人生最大的幸福就是顺其自然，遵循自然规律就可无为而无不为；佛教幸福观，将人从现实世界的纷争中解脱出来视为真正的幸福，从而达到不惹尘埃的彼岸世界，实现人生的终极圆满。

关于大学生幸福观的认识研究，柴素芳在《全国七所高校大学生幸福观现状的调查与分析》中指出，多数大学生对于幸福含义的理解是比较全面、理性的。佟多人、张丹竹等人在《当代大学生幸福观嬗变的思考》中的调查显示，多数大学生对幸福观的认知是正确的，并且普遍重视品格修养。但由于受主客观因素的影响，大学生幸福认知也出现了一定的偏差。李志在《对当代大学生幸福观的调查》中指出，超过半数的大学生认为获得个人成就是最幸福的，重视个人幸福，对集体幸福有所忽视。范双利认为对大学生进行幸福观教育不仅有利于和谐社会的构建，还能提高大学生的思想道德素质，促进个人全面发展。易银珍指出，大学生幸福观教育和思想政治教育存在密切关系，认为"指导大学生树立理性科学的幸福观是高校思想政治教育的重要组成部分"。

（二）幸福观的分类

1. 西方思想界幸福观

（1）理性主义

理性主义是西方思想史上的一大传统，古代以苏格拉底、柏拉图、斯多葛学派等为代表，而近代以笛卡儿、康德、黑格尔等人为代表。这些人幸福观的共性是认为人的幸福必须在理性指导下才能实现，强调人的精神快乐和理性能力，主张抑制欲望，追求道德完善，类似于儒家的德行幸福感。赫拉克利特有句名言："如果幸福在于肉体的快感，那么就应当说，牛找到草料吃的时候是幸福的。"苏格拉底有个关于幸福的等式，即理性=美德=幸福。斯宾诺莎认为，幸福不是别的什么，而就是德行本身。康德认为，人和动物的区别不在于感性欲望，而在于理性，但人绝不能将理性用作满足感性需求的工具，理性有其更高的用途，即要考察行为动机的为善或为恶，强调是动机而不是效果，认为幸福存在于至善之中。理性主义强调理性作用，贬低感性与情感的作用，主张抑制欲望，追求道德的完善或精神上的幸福，认为人生目的和幸福在于按理性命令行事，而感官的享受和快乐只会玷污理性，荒废人生。理性主义的幸福观有两种：一种是以柏拉图、亚里士多德为代表的和谐说，一种是以犬儒学派和斯多葛学派为代表的禁欲主义。

（2）感性主义

感性主义流派代表人物古代有德谟克利特、亚里斯提卜、伊壁鸠鲁等，近代有霍布斯、爱尔维修、边沁等。感性主义的幸福观的共同点，在于把趋乐避苦当作人的本性，认为幸福就是追求感官的快乐、避免感官的痛苦。亚里斯提卜认为，肉体的快乐比精神的快乐更迫切、更强烈，肉体的快乐优于精神的快乐；而且，肉体的快乐既不在过去也不在未来，只在眼前。这类似于杨朱的享乐主义。德谟克利特和伊壁鸠鲁虽然强调感官快乐对于幸福的重要性，但是他们也要求人们追求精神快乐。边沁把感性主义幸福观发展为功利主义幸福观，提出追求最大多数人的最大幸福的命题，并认为人的幸福程度是可以评价与度量的，只要了解一个人痛苦与快乐的程度，就可以计算出他的幸福程度。他还提出了计算和评价幸福程度的要素，包括感受苦与乐的强度大小、时间长短、是否确实以及确实的程度、影响范围等七个方面，开启了人类对于幸福感指数研究的先河。

2. 马克思主义幸福观

马克思主义幸福观以辩证唯物主义和历史唯物主义为基础，从多重角度对幸福进行了系统论述，不单纯强调内在精神的完满，也不过分追求感官的愉悦，建立了完全不同于宗教神学幸福观和资产阶级幸福观的无产阶级幸福观。马克思主义幸福观关注普通人的苦难，接近现实的人生，阐明生活原本应有的价值和意义，致力于实现全人类的幸福。马克思主义幸福观认为幸福是在物质和精神生活中，主体通过创造性劳动，感受和意识到实现了自己的理想和目标而引起的精神上的满足。马克思主义幸福观认为拥有幸福的基本条件是人的体力和智力的发

展，拥有幸福的最高表现是人们完全自由地发展和发挥其全部才能和力量。其基本特征主要包括以下几点。

第一，劳动和创造是幸福的源泉。人们为了创造历史，首先需要吃喝住穿及其他一些东西，需要和欲望的满足是人类生活的强大动力，而生产劳动是满足这些需要的根本前提。劳动创造了人本身，是人区别于动物的重要标志。人们通过生产劳动不仅能够改变客观世界，获取物质生活和精神生活的外在条件，还能够改造主观世界，不断反省自身，以求幸福生活。幸福是从事自由的生产劳动的人的本质需要，人们在劳动和创造过程中，按照主观意愿对客观存在进行改造，使主观欲望得到满足，潜能得以发挥，从而产生充实的幸福感。面对劳动成果的享受本身就是一种幸福，凭借劳动所达到的身心自由全面发展是更深层次的幸福感受。人们生产劳动所创造的物质和文化精品能够作为宝贵的历史财富长期地流传下去，增强了人们生命的延续性。有限的生命趋于无限，使得人们发现幸福、感悟幸福、创造幸福的能力不断增强。但在资本主义私有制社会中，劳动创造和享受被人为地割裂开，使得生产劳动作为外在的异己力量，变成了一种异化劳动，带给人们的不是幸福，而是不幸。

第二，幸福是物质生活与精神生活的统一。人类的幸福不单是物质需要的满足，更是精神需要的满足，二者相辅相成，缺一不可。禁欲主义思想认为人类的欲望是一切罪恶的根源和导致不幸的源头，主张摈弃一切欲望，以求内心的安宁。纵欲主义思想认为应当追求现实的享受，满足自己的欲望，以此作为衡量幸福的标准。而马克思主义提出精神欲望的满足不仅是必须的，而且是正当合理的，在满足吃穿住行等基本物质需要的基础上，理所当然地要去追求社会归属和社会认同等精神需要。相较于物质需要，精神需要的满足更为重要，因为没有精神需要的辅助，物质需要即使满足了，人们也只能获得短暂而低水平的幸福，不能带来持久的幸福体验。只有当"一切社会有富足的和一天比一天充裕的物质生活，而且还可能保证他们的体力和智力获得充分的、自由的发展和运用"，物质生活和精神生活才能统一为真正的幸福。

第三，幸福是主观与客观的统一。幸福的客观性是指幸福的实现要以当时当地的客观条件为依据，是社会经济发展水平的集中反映，不能脱离物质基础空谈幸福。幸福的主观性是指幸福是人们对生活状况的一种情绪化的主观体验，个人文化程度和价值观念不同，人们对幸福的理解也不同。幸福主观性的发挥要以客观物质条件为基础，个体幸福的提高归根结底要建立在社会进步、经济发展和生活水平改善之上。通过社会实践活动，充分发挥个体的主观能动性，使主观体验与客观实际相契合，形成主观与客观的良性互动，才能获得真正的幸福体验。

第四，幸福是个人幸福与社会幸福的有机统一。马克思指出："人的本质并不是单个人所固有的抽象物。在其现实性上，它是一切社会关系的总和。"人作为类的存在物，具有类的责任和道德，因此当个体为集体和社会做出牺牲时，会产生一种极其崇高的幸福感。社会是由相互联系着的个人构成的集体，个人的生存和发展离不开社会，个人幸福与社会幸福具有一致性，它们是辩证统一的。社会幸福的实现是个人幸福实现的前提和保障，并且提高了个人幸福的水平。个人幸福赋予社会幸福具体而生动的内容，因此在强调社会幸福的基础上，要充分保障广大劳动人民追求个人幸福的权利。正如马克思所说，"人类的天性就是这样的：人们只有为同时代人的完善、为他们的幸福而工作，才能使自己也达到完善"，个人幸福的最高境界是为他人谋幸福，最终实现全人类的解放。

第二节 幸福观教育与幸福能力分析

一、幸福观教育

费尔巴哈在《幸福论》中曾说过："一切有生命和爱的动物、一切生存着的和希望生存的生物之最基本的和最原始的活动就是对幸福的追求。人的任何一种行动都是对幸福的追求。"苏联教育家苏霍姆林斯基曾指出，教育就是培养幸福的人。可见，教育的本义就是关注人和人的幸福，指导人们如何幸福地生活。随着"以人为本""关注民生"等理念的提出，"主观幸福感"日益成为当前学术界研究的热点，幸福观教育也随之成为学术研究的一个崭新课题。总体而言，幸福观教育在实践中尚不成熟，只偶尔体现在学校思想政治教育课程中，幸福观教育的理论研究也还处于起步阶段。

幸福观教育是关涉幸福的教育，是以幸福为中心对人们进行教育。所以在研究幸福观教育时，必须对国内外关于幸福观的研究加以梳理。

（一）幸福观教育研究的现状

不论国外还是国内，幸福观教育一直都是教育的薄弱环节。学校对学生幸福观教育的意识普遍比较淡薄，对学生幸福的关注不够。因而，幸福观教育的研究也比较缺乏。当前，国内对幸福观教育的研究主要集中在以下几个方面：对幸福观教育意义的论证和价值的探讨，大学生幸福观教育的现状，大学生幸福观教育的困境探讨，幸福观教育的内容，幸福观教育的途径和方法等。但这些研究都比较零散，没有形成完整的、科学的、系统化的理论体系。

关于幸福观教育的意义和价值，范双利、刘新秀等认为，幸福观教育有利于促进人的全面发展，有利于引导学生树立正确的劳动观，是构建社会主义和谐社会的需要，也是新形势下加强和改进大学生思想政治教育的需要。龙溪虎则指出，幸福观教育是思想政治教育人文关怀的维度之一。吴漩更是强调幸福观教育是教育的本义之所在。

幸福观教育的内容必须坚持马克思主义的指导，坚持集体主义、物质与精神、个人与社会、享受与劳动、索取与奉献相统一的科学的幸福观。在具体内容上，范双利、陈贻思等认为，幸福观教育的内容应包含精神幸福观教育、过程幸福观教育、社会幸福观教育、德福一致幸福观教育。王良玉认为，幸福观教育的内容还应包含感恩教育、生命教育、理财教育、理想教育等特殊内容。这些内容的提出在很大程度上丰富了马克思主义幸福观教育的内容，使幸福观教育在具体实施过程中拓宽了层面，增加了可行性。

关于大学生幸福观教育的现状，杨雪琴、吴漩等都认为当前大学生幸福观教育存在一些问题，导致大学生自身的幸福观有失偏颇，一些大学生存在拜金主义、享乐主义等扭曲的幸福观。比如，一些学校的教育中并没有幸福观教育的内容，思想政治教育偏重于以意识形态为核心的政治教化和以道德知识灌输为主的道德思想教育，弱化了对人生幸福和幸福观的教育。即使有学校的教育涉及了幸福观，也只是一语带过，没有引起足够的重视。黄明丽在此基础上，指出幸福观教育在内容上重个人幸福观的培养、轻社会幸福观的培养，在形势上重思想道德的教育、轻时代特色的注入，重显性教育、轻隐性教育。

（二）幸福观教育研究的建议

1. 明确幸福观教育的基本内涵

由于各方面的原因，学界对何为幸福观教育这一基本问题仍然争论不休。而围绕"是什么—为什么—怎么办"的研究思路，幸福观教育的研究必须先解决幸福观教育是什么的问题。只有明确幸福观教育的基本内涵，才能进一步构建幸福观教育的理论体系，它直接关系到幸福观教育的研究目标、研究方向、研究内容以及研究策略等。因此，无论我们将对幸福观教育进行怎样的探讨，其基本内涵都是首先应该解决的问题。

2. 构建幸福观教育的理论体系

目前，幸福观教育的研究还具有较大的局限性，研究的范围有限，内容比较零散，没有形成完整的科学体系。这无论对于幸福观教育理论的形成和发展，还是对于幸福观教育实践的开展都是不利的。因此，下一步幸福观教育研究应着力从具体到抽象，从理论体系架构的角度出发，逐一解决"是什么—为什么—怎么办"的问题，构建起合理、完善的理论框架和理论体系，从而为幸福观教育的理论研究和实践提供指导。

3. 拓展幸福观教育研究对象的涵盖面

当前，一提到幸福观教育，首先想到的就是针对大学生的幸福观教育，偶尔涉及中小学生幸福观教育，也就是说，当前幸福观教育研究主要还是针对学生这一群体的。但事实上，幸福观教育是关系到中国特色社会主义和谐社会的构建，关系到整个民族幸福观、民生幸福的重大问题。所以，我们在进行幸福观教育研究时，不能简单地以学生尤其是大学生这一群体为主要指向，而应该从整个社会出发，将研究的视角扩大到社会各个群体，从而站在更高的角度对整个民族的幸福观教育进行有效的研究，引导全社会共同开展幸福观教育。

4. 思想政治教育与幸福观教育相结合

学校思想政治教育是幸福观教育的重要阵地。思想政治教育应该关注学生的个性发展和人格成长，引导学生正确地认识和追求幸福，促进学生的全面发展。同时，幸福观教育本身也体现了思想政治教育"以人为本"的理念，能够使思想政治教育走进学生的内心，并成为他们的内在需要，从而使思想政治教育的功能得以进一步发挥。

二、幸福能力

迄今为止，无论是心理学、哲学还是社会学都没有把人的幸福能力作为一个独立的基本概念来认识。要形成对幸福能力的正确把握，必须首先厘清幸福能力的概念，揭示其本质内涵。幸福能力是一个属概念，它既从属于幸福这个概念，又从属于能力这个概念。我们在了解了幸福的内涵后，还应该弄清楚何为能力，以便更好地界定幸福能力这一概念。

（一）幸福能力的内涵

"幸福是一种能力"，很多人都赞成这一观点，相关的文学作品也很常见。作家周国平在他的散文作品中就提出：幸福首先是一种感受能力，"幸福也好，苦难也好，是要用灵魂和心灵去感受的。很多时候，人的灵魂会不在现场，比如旅游，有人觉得很美，会激动，会感动，而有人得到的只是一种符号，告诉自己我旅游了，我到了这个地方了。爱情也好，亲情也好，需要我们灵魂在场。能随时随地用心灵去品尝生活的味道，才有幸福可谈"。作家陈彤强调了幸福能力的重要性，她写道："没有人能保证自己一辈子每件事情都是称心的，但拥有幸福能力的人，她们可以使自己不至于在不幸的泥沼中越陷越深，甚至她们会让她们曾经遭遇到过的灾难成为日后她们被人羡慕的最宝贵的财富。"

幸福能力作为概念，引起过极少数学者的兴趣。刘次林在《幸福教育论》中也谈到了幸福能力，他认为幸福能力是"人的发现、创造幸福和享受幸福的能力，是人的生理幸福能力、心理幸福能力和伦理幸福能力的辩证统一"。檀传宝在《论教师的幸福》中认为，幸福能力是一种有关幸福实现的主体条件，"对幸福的理解、敏感、向往与追求都是一种有待于发展的主体能力"，他提出幸福能力"有狭义和广义之分，所谓狭义的幸福能力，主要是指主体必须具有健康向上的人生观、价值观，具有品味人生意义的价值性条件。广义的幸福能力是指幸福的创造和感受所需的一般性条件"。对于幸福所需要的能力，当代一些学者在其作品中也有所涉猎。但总的来说，这些观点耽于零散、缺乏系统性及内在联系，有些观点还耽于表面，缺少理论支撑，无法令人信服，因此"幸福能力"成为一个人们似乎能理解却没法说清的口头用语，始终没有成为真正的学术概念和理论范畴。

（二）幸福能力的特征

幸福能力是满足人内源性发展需要的能力，其与生命存在直接相关，生命存在的需要和特征决定幸福能力的特征。从内在核心性特征来看，幸福能力具有自我把握性、自我创造性、整体性、生产性四个根本特征。

幸福能力的第一个特征是自我把握性。它体现在对自我生命存在规律性的把握，体现在幸福需要自我探索、自我了解和自我调节。幸福能力是使生命存在状态变得更好的能力，解决的是生命存在的逐步完善问题，这种完善在生命活动方式和生命存在状态中体现出来，并最终落实在生命存在状态中。

幸福能力的第二个特征是自我创造性。人作为个体，要完全独立于其他部分，除了自身拥有自主性之外，还必须在活动中体现出自我创造性。人不可能安于生物的被动状态，也不愿意顺从环境的压迫，而是需要做一个"创造者"超越生物状态，脱离生存的被动性和偶然性，以一个主动者的姿态进入自由和自觉的王国。另外，创造性活动也是人实现其个性的最重要的途径，人获得幸福、体验幸福、扩展幸福的能力，从本质上来说，都是人的自我创造性能力，是人的创造性在情绪情感、外在活动、思想观念等方面的反映。可以说，只有在创造性活动中，人们才可以获得幸福。

幸福能力的第三个特征是整体性。拥有幸福能力就意味着必须具有一种整体的思维方式，这种思维方式让人对人生有整体洞察，表现为对生活的大彻大悟，体现为面对复杂的善恶是非问题的"不惑"和在纷纭复杂的现实背景下的"大聪明"。因而，幸福能力是一种通达的能力，它能促使人从自我不断走向他人、社会和自然。幸福能力是通过人的实践而获得的，与人生经验和人生实践的

丰富性直接相关。弗洛姆认为，实现幸福需要人运用其能力促进人性发展及人与世界的融合；而痛苦则意味着阻碍人性发展及人与世界的分离。

幸福能力的第四个特征是生产性，这是它最根本的特点。幸福是一个流动的过程，是一个开放的体系，其内涵不断丰富和扩展，逐渐从不完善发展到较完善。因此，幸福能力必然包括推动幸福不断向前发展的能力要素。幸福是活动的当下幸福向整个生命层面幸福也就是人格性幸福的不断发展，其反映在活动中。但是幸福的作用又不仅仅局限于当下的具体活动，其作用也指向未来，它的发挥会促使人在具体的活动中不断生成有关人生的新感悟、对世界的新把握，它是在创造性活动中改变人自身的能力，其生产性特点就集中在生命活动方式乃至生活方式的不断更新上。

（三）幸福能力的实质

从实质上来讲，幸福能力是一种更新生命活动方式和生活方式的能力。个人的存在方式和社会系统的存在方式都是面向未来的，人的生命就是一个不断自我超越、自我更新、自我创造的过程。通过创造性活动，人们在发挥幸福能力改变世界的同时改变自身，获得内在性需要的满足，发展出人与自己、他人、社会以及整个自然之间新的肯定性联系。幸福能力既作用于当下也指向未来，它的发挥是连续而又不断生成的，幸福能力发挥的过程就是不断超越自我的过程，它使生命存在不断趋向完善。

我们认为，幸福能力作为生命存在趋向完满的本领，是内源性发展需要的满足，是生命活动和生命状态取得创造性和谐的能力，这种能力所致力的和谐主要体现为以下几个方面。其一，作为自然的一部分，符合宇宙生命共性的内源性发展需要，能获得人与自然和谐的生命存在状态。美国哲学家梯利曾说过一段让人印象深刻的话："不了解事物的本性，就不能对道德问题做出令人满意的答案；除非认清世界的意义，否则不能指出人在世界上应该怎么活动。人的行为取决于他在其中生活的那一种宇宙，他的人生观由他的世界观来确定。"其二，作为有意识的生命存在，符合人之为人的特点的内源性发展需要，能获得人与自我特性和谐的生命存在状态。其三，符合人与自我、他人、社会和谐的内源性发展需要，能实现真实的自我与人际社会和谐的生命存在状态。这些和谐的生命存在方式并非是一种消极、静止的和谐，也不是一种消极的适应，而是与整个宇宙生生不息的生命力和动力相符合的，它是人发挥幸福能力的结果，是不断运动和发展的和谐。

第三节　积极心理学视域下高职生幸福观教育路径

一、幸福观教育的融入及幸福能力的培养

（一）德育、智育、体育中幸福观教育的融入

现代教育体系的改革注重以人为本，以学生为中心，完善人才培养结构，以期为社会主义现代化建设事业造就大量的合格建设者和可靠接班人。德育、智育、体育活动是高职院校教育的主阵地，三者密切相连不可分割，对高职生成长成长起到了全方位的立体影响。

1. 德育中幸福观教育的融入

德主要指思想品德和道德。两者既有区别又有联系，其中思想品德是一种个体现象，是一个人依据一定的道德行为规范表现出来的较为稳定的倾向和特征；而道德是一种社会现象，是人们共同活动及行为的准则和规范。德育就是指政治思想和道德品质的教育。在德育的目标、内容和方式上融入幸福观教育，将有效助益大学生幸福能力的养成。

在德育内容上，幸福观教育主要是教会学生做到物质幸福和精神幸福的统一。通过调查我们可以发现，当代高职生存在过分重视物质生活的倾向，当然在社会主义市场经济条件下，追求合理的消费和物质享受本是无可厚非的。但高职生作为社会生活中比较特殊的一类群体，其并没有直接的经济收入来源，日常生活花费主要来自父母。作为纯消费者，依靠他人帮助而生活的人，如果再去追求过度的物质享受，这本身就是不道德的。所以应当引导高职生在满足自己的基本物质需要后，自觉追寻精神生活的无限可能，从而为物质生活和精神生活的统一打下坚实的基础。由于多数高职生都过着远离家庭的学校集体生活，同学之间的

交往非常频繁，因此他们容易产生攀比心理，做出超过自身家庭承受能力的冲动消费行为。故在具体德育内容设计上要凸显对高职生物质消费观的教育引导，形成以学业优良和道德高尚为基础评价标准的良好风尚，坚决抵制崇尚名牌、奢侈品的歪风邪气。

在德育方式上，要将幸福观教育融入体验性课程和具体实践活动中，反对单纯的理论灌输和说教。道德教育注重学校氛围的熏染和教师以身作则潜移默化的影响，力图使高职生在二者的影响下形成善的道德体验，进而转化为行善的道德实践。这一过程也离不开系统的德育知识的传授，完整的德育过程应该是认知、体验与实践的结合。道德的实践性决定了德育课程所应采取的形式，而道德的主体性使德育活动的开展必须以高职生为中心，将高职生的道德认知和道德实践行为作为检验德育活动成功与否的试金石。幸福作为人的一种主观心理体验，并不必然决定于人的认知和理性，感知和情绪情感体验等非理性因素往往起着更为重要的作用。按照高职生的心理特点，设计相应的场景，通过正面与反面实践活动事例的对比，增强高职生对正确幸福观的体验与认知。

2. 智育中幸福观教育的融入

智指智力、智能、智慧，包括认识理解客观事物并运用知识、经验和一定的方法分析、解决理论和实际问题的能力，也包括辨别判断和发明创造的能力等。智育指发展智力的教育，有时单指科学文化知识的教育。通过在学校中系统的专业学习，高职生可以全面掌握基础的文化知识体系，夯实自身的文化理论功底，为获得恒久稳定的幸福生活打下坚实的基础。

获得知识也是一种幸福。良好的学风教风对高职生全面成长具有重要的作用。在教学相长中，师生情谊可以进一步深化，高职生的智力水平可以不断提高，精神生活更加丰富，对幸福的感悟能力也不断增强。青年时期是人生的上升阶段，在这个阶段，对科学文化知识的掌握和对优良道德品质的培养，可以为学生以后的发展积累厚重的势能。开展智力教育，加强各学科间的交叉和渗透意义非常重大，因为我们要培养的是适合社会需要的全面发展的人才，如果只局限于某一领域专业知识的学习，不能打通人文知识和科学技术之间的界限，则违背了教育的最初目的。只拥有高超的技能或超凡的智力，面对人类社会的发展变幻规律没有全面科学认识的人，是很难处理好现实生活中各种复杂关系的，从而导致其总体生活幸福指数也较低。

中华优秀传统文化教育是智育中不可或缺的重要方面。中华民族历史悠久，有着五千多年的灿烂文明，其所涵养出的独特的优秀文化传统是人们在长期的社会实践过程中，通过认识世界和改造世界所创造的物质成果和精神成果的总和。传统文化中所蕴含的对幸福的理解和相关阐述，是我们建立科学幸福观不可或缺的有益参考，是中国特色社会主义幸福观的重要组成部分。例如，"和谐为美""仁者乐山，智者乐水"体现了孔子的天人合一观，是对人与自然、人与社会、人与人和谐的简明阐释，为当代中国特色社会主义和谐社会的建设提供了思想启发和指导，为生态文明建设的开展奠定了基础。

3. 体育中幸福观教育的融入

体指身体，包括体格和体质等。体格是指人体的发育和健康状况，体质是指人体的健康水平和对外界的适应能力。体育就是指以发展体力、增强体质为主要任务的教育。在本质功能上，体育是直接作用于人的生理结构及其机能的。拥有健康完美的体魄，能使高职生以饱满的激情投入实际学习生活中，以昂扬的自信获得深度的幸福。

体育有助于提高高职生的主观幸福感。经常参加体育锻炼，不但可以强健体魄，充沛精力，而且可以由此引起心理上的积极变化，增强自信心和团队合作意识。良好体育运动习惯的养成，能够使人逐渐形成乐观开朗的性格，积极地面对生活中的各种挫折和挑战，还能有效提高机体的抗病能力，进而使人身心协调健康发展。体育不仅仅是身体生理机能的运动，更是受思想控制的情绪情感的外露，是排解心理压力的最好方式。尤其是在体育比赛中，心理对躯体有意识的操控会在体育运动过程中慢慢减弱，对比赛的关注和投入会使个体达到忘我的本然状态，一场酣畅淋漓的比赛有着其他活动方式所不能带来的强烈幸福感。特别是夺冠瞬间所产生的幸福感，是成功的喜悦，是付出心血而获得果实的甘甜，是真正达到自由境界的自我实现。

（二）培育获得幸福的能力

幸福建立在一定的物质基础之上，离开生存条件幸福就变得不现实，"忧

心忡忡的穷人甚至对最美丽的景色都没有什么感觉"。幸福是物质满足与精神享受的统一,物质需要的满足产生的愉悦感是初级的、短暂的;精神享受产生的愉悦感才是深刻的、持久的。物质满足是精神幸福的前提和途径。获得幸福的能力是内源性发展需要和外在性发展需要的结合。在很多人看来,培养受教育者获得幸福的能力,就要注意培养他们良好的德行。的确,幸福问题与德行息息相关,幸福与美德具有紧密关系,但是现实生活却告诉我们,获得幸福的能力培育不能为品德教育所替代,有德并不意味着就有福,幸福与品德并不同一,德行是获得幸福的必要条件和重要前提,但是只有德行,还不足以获得幸福。幸福是主客观因素相互配合和作用的结果,获得幸福的能力之培育是一项复杂的系统工程。实际活动中的能力发挥在幸福的实现中起到了关键作用,离开现实活动,空谈幸福是不切合实际的。

无论处于任何时代,人都会经历快乐与不快乐的时刻,自己的幸福之路唯有自己发现和探索,没有人可以替代。在帮助受教育者发现幸福的真谛后,教育者还要注意培育和引导个体在具体的活动中探索和发现获得幸福能力的方法,使其将获得幸福的一般性原则与自身的特点以及具体活动结合起来,以使幸福落实在生活的点点滴滴之中。

幸福能力分为导向积极愉悦的生命存在之幸福能力、导向自我实现的生命存在之幸福能力,以及导向自我扩展的生命存在之幸福能力,因此,获得幸福的能力之自我培育也将分三部分来进行讨论。

1. 获得积极愉悦的幸福之能力培育

积极情绪不会无缘由地产生,消极情绪也不会自动消失,人的自我实现更不可能一蹴而就,我们不必羡慕别人的幸福,我们的幸福就体现在自身实际的探索发现过程中。假设你拥有一种"经验体验性机器",一生中只要你喜欢时,它就可以刺激你的大脑并带给你幸福感,你是否想使用这种机器呢?马丁·塞利格曼在《真实的幸福》中提到了他对这样问题的调查结果,那就是我们生活中的每个人都宁愿不要这种幸福机器,因为我们要的不是暂时的幸福感,真正的幸福感必须来自自己的不懈追求。

2. 获得自我实现的幸福之能力培育

自我实现的幸福是自我潜能实现后的主观体验，它意味着人具有崇高的目标，这一目标与内源性发展需要一致。个体应学会如何持之以恒地为崇高的目标不懈努力，在各种困难的环境下充分发挥自己最大的能力。除此以外，"人的类特性恰恰就是自由自觉的活动"，我们需要避免各类活动与人的本质异化的情况，避免不属于人的本质的东西，在活动中自由地发挥自己的体力和智力。

3. 实现自我扩展的幸福之能力培育

宇宙万物中，人的奥秘是最特别的，雅斯贝尔斯认为，一个人虽然是有限的，但其可能性却能延伸至无限，这一点就使人成为最伟大的奥妙。获得个体与自己、他人、社会、宇宙自然之间的联结与和谐就是自我意识不断提升和发展的过程，是个体与自我被否定的部分、他人、社会、宇宙自然之间界限的不断打破的过程。自我扩展的幸福之体验往往只有短暂时刻，这种短暂时刻发生时，个体具有"高峰体验"，达到一种相对忘我的境界。在这种境界中，"个人与他人、他物的相互融入、相互统一，人与人、人与物、人与自己实现了类生态、自然生态和内生态的三位一体的和谐，我体验到的本真，就是你的本真，就是物的本真，人体验到对他人、他物的融入，人体验到对生态的回归"。这种时刻是不可能买到甚至是不可能有意寻求的，但是一个人可以创造条件，使这些体验更有可能发生。

二、以关联幸福为核心开设高职院校"幸福课"

关联幸福是指调动内部和外部一切积极因素，将原先各自独立存在的幸福因子相互联结，以优势弥补短板，共同营造的一种积极心理体验。幸福作为人的一种主观体验，受到人自身内在因素的决定性影响，但幸福取向之间、生活满意度的组成之间、幸福内在关系之间均存在不同程度的幸福隔离现象。要打破这种内在的幸福分裂，需要高职生自己树立起对幸福生活的信心和信念，以科学的方法引导自己，向消极的心理宣战。

针对当今中国高职生的幸福观状况，高职院校应尽快开展并完善专门的幸福课教育，以帮助学生形成科学的幸福观，提升幸福感，走上幸福之路，活出幸

福人生。借鉴积极心理学的相关理念，以联结幸福为核心的幸福课要凸显出对科学幸福论的尊重，要使高职生认识到幸福的本质是个体通过自己的努力实现目标时获得的情绪体验，幸福生活需要与他人保持积极联系，要拥有积极的个人品质及较强的自我生活调节能力。高职院校开设幸福课可以从以下几个方面展开。

第一，透视幸福的真谛。幸福是一种主观的感受，是一种期盼，是一种自我评价。它是一门科学，更是一种能力，是自我的修炼。伪幸福是介于幸福与不幸福之间的第三种状态，指表面看上去状态不错，但很少感到幸福，因此要抛开这种幸福的假象，感知自己内心的真实意愿，勇敢地把握自己真正的幸福。幸福不是二进制的非此即彼，要把握好幸福的灰色中间地带。幸福不是物质上享有多少，而是感觉上拥有多少，没有人能够把握人生的变量，但我们可以决定面对它的态度。边际收益递减规律指出，人从获得的物品中所得到的满足，会随着所获得的物品增多而减少。金钱对幸福的影响超过一定边际甚至会变成负的，爱情对幸福的影响也会逐渐归于平淡，《易经》最大的智慧是告诉我们整个世界在变，但幸福正是在此过程中的心灵陪伴。

第二，让高职生明白追求幸福是人生的终极目标。忙碌奔波的人不明白痛苦的消除并不是幸福的来临，享乐主义的人不清楚无所事事是魔鬼设下的陷阱，虚无主义的人只是被过去经验击垮的胆小鬼，而真正幸福的人永远在追求更加幸福，因为幸福才是衡量一切的标准。成就人生的标准不是金钱，富人没你想象的那样幸福，钱再多也买不来知己好友，有些人物质财富不断积累，却有着情感破产的危机，到终了才懂得内在幸福才是永恒的财富。

设定幸福的人生目标，目标的达到不只是幸福的结果，而是在自我和谐中发现最深的渴望，掌握幸福的方向。再多的伪目标也得不到一个真幸福，要坚持信念，冻结浮躁，抵住诱惑，才能迎来最终的幸福。

第三，让高职生学会把握当下的幸福。幸福是拥有而非期望，期待明天不如珍惜现在，想象的终点不会距离起点太远。不要拿现在与过去做比较，未来幸福不如现在幸福，每一天都是幸福人生的一部分。人生永远不可能早知道，太多人习惯生活在下一个时刻，认为早领悟才能早幸福，但是时间的大钟上只有"现在"两字。脱去幸福生活复杂的洋装，会发现其实最大的敌人是自己，你才是幸福的障碍，因为你是幸福的只是自己却不知道。

作为生命最基本的渴求，快乐的配方其实很简单，越简单越快乐。简化可以给幸福以专注，简化生活，学会说不，因为心灵越纯净，快乐的能量才会越强大。学会等待快乐，不必讨好每个人，做事量力而行。学会失败，幸福也存在于失意时的忘却。像接受美一样接受缺憾，拥有变负为正的勇气。学会用感激触摸幸福，不懂感恩是最大的不幸，拥有一颗感恩的心才能更幸福，感谢自己所拥有的，不要这山望着那山高。感谢挫折，它们让你更坚强；感激对手，他们给了你变得更强大的机会。学会宽容，拥抱幸福，退一步海阔天空，博大的胸怀可以稀释一切痛苦烦恼。记住吃亏是福，包容生活中的不快。学会放下，幸福是由自己来成全的，斤斤计较的人永远不会获得幸福。

第四，让高职生掌握幸福的方法。有价值的人生就是幸福，烦恼喜欢无所事事的人，兴趣在哪里，成功就在哪里。拥有爱好是一个人珍贵的权利，对工作的认可比工作本身更重要。改变价值观，学会接近幸福，生命的价值可以在付出中增值，真正的幸福也藏在付出的怀抱里。任何时候都应遵从自己欢愉的本性，发掘潜力，实现自己的价值。爱的真谛是给予幸福，把自己变成别人的光，奉献出自己的爱即可得到幸福。真爱是无条件的，爱不一定要牺牲，培养爱而不是寻找爱，对自己的控制欲说不，给予越多，收获越多。

消除自助与他助的世界，用宽容之心对待世界，挑剔他人等于孤立自己，别让猜疑乱了自己的心智。朋友永远是人生最宝贵的财富，但有时候敌人比朋友更真诚。报复并不会让你真幸福，要在能力范围内善待他人。从关照他人中得到自己的幸福，在施与和帮助中建立和谐的人际关系。幸福就是心动并行动，幸福意味着去追寻，为明天做出有意义的事情，圆梦也需要行动力。充分发挥自身的才能改变世界，想做什么，马上着手，幸福就存在于追求理想的过程中。幸福的人总会激情满怀，主动迎接各种挑战。

第五章 积极心理学视域下高职生品格培养

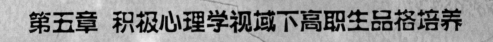

积极心理学是一门致力于研究人的发展潜力和美德的科学，它主张人类要用一种积极的心态对待人的心理现象，对许多心理问题和心理病态做出新的解读，以此激发每个人自身现有的或潜在的积极品质和积极力量，从而使每个人都能走向成功的彼岸并获得属于自己的幸福。本章将积极心理学引入品格教育中，从而展开相关研究论述。

第一节 品格及品格教育

一、品格

（一）品格的内涵

从伦理学角度看，品格在古希腊伦理学中称为"德行"，是指一个人在生活实践中因一定的生活习惯或方式养成的稳定的个性品质。德行是一种品性，品格是一种符合道德标准的品性，是德行的正面表现。

从心理学角度看，品格可视为性格，一般指人对现实的态度和行为方式中的比较稳定的、具有核心意义的个性心理特征。但从道德心理学的视角来看，品格主要是指人的个性心理中那些积极健康的特征，是道德认知、情感、动机、行为等多种道德心理成分在个体身上的稳定表现，是人格的道德维度，是道德教育要着力培养的一个重要方面。

从教育学角度看，品格是指体现一定道德规范，并内在于个体的包含认知、情感和意志成分的道德习惯。因而，要想给品格下一个完整而精准的定义是困难的，但"品格"这个词无疑包含一些与道德密切相关的因素，涵盖许多人间美德，能反映出人的本性和特质，体现人的素质和品位，是良心和德行之间的纽带，具有相当的稳定性。

因此，品格也就与人的道德修养程度唇齿相依，反映了一个人的品行道德与风格。"人性中的真善美，都将体现在高尚的品格之中，外在的品格表现，即人内心的真实写照。"由此可认为，品格就是人和外界相互作用时，稳定地支配着自己的行动和态度的内在精神或道德品性。

（二）品格的特征

1. 道德性

德行是内在于生命个体的、具有伦理和道德倾向的素质，这种素质表现为生命个体的人格品性、品质。也正是在这个意义上，"character"被理解为"品格"。品格的"道德性"是内含于"品格"之中的属性，品格与道德密切相关，涵盖许多人间美德，如中国古代的孝悌、忠信、智勇等，西方的勇敢、自制、智慧、正义等。

2. 主体性和主动性

主体性和主动性指的是一个人不仅仅由发生在他身上的事所决定，而是他有能力超越即时的冲动和行为去决定自己。心理动力和环境要素的力量不能低估，但人们并不仅仅由这些要素决定。人本质上是能够自我决定的存在物，通过作用于自然和环境给自己的生活以特殊的形势。

3. 个体性

"个体性"也可以称为"独特性""内在性"。尽管个体德行的获得方式不尽相同，但作为教育目的与结果的"德行"一定指的是为个体所独有的、个性化的品性。所以，也正是在这个意义上，我们常常将"character"理解为"个性"。

4. 稳定性

品格是良心和德行之间的纽带，具有相当的稳定性。个体已经形成的对客观事物的态度往往是稳定的。当然，这种稳定性是相对而言的，不是说它不再变化。

5. 统一性

真正的个性品格一定表现为认知和行为的统一、理性与情感的统一。德行存在于生命个体的精神运动过程之中，是知和行的统一、理性和情感的统一。里克纳把品格定义为对善的认识、对善的欲求、对善的行为，即心理的习惯、心灵

的习惯和行动的习惯，品格是由道德认知、道德情感、道德行为这三个相互促进、相辅相成的部分组成的。这里，"品格"实际上是一个社会心理学中的"态度"概念，包括认知、情感和行为三个统一与交融的方面。

6. 连贯性

说一个人有品格，是指他不管采取怎样的行动，展示怎样的特征，在他展示自身的方式中，存在某种控制和连贯性。这个意义上的品格不仅仅指的是一个人的偶然所为，而是他有能力控制自己，去超越当下的刺激和行动。人们品格的连贯性在很大程度上依赖于人们个体品格中不同的意向和计划是如何相连贯的。这种品格的连贯性具有内在的价值。

7. 发展性

虽然品格具有相当的稳定性，但同时个体的道德品性是不断生成、提升的，是发展的。个体的主动性、能动性决定了个体的发展性。个体品格的发展性，表现为生命个体的主动适应性和创新性。皮亚杰的四阶段理论和柯尔伯格的三水平六阶段理论都试图揭示个体的个性品格发展的过程，同时也确实证明了个体的个性品格并不是一成不变的。在每个人的人生历程中，其个性品格是动态变化的。

二、品格教育的内涵及内容

（一）品格教育的内涵

品格教育应该是一种具有"教育性"的活动，强调品格教育的"引导性""社会性"功能。它包含两层含义：一是强调品格教育的教育性；二是肯定品格教育是一种活动（行动）。其关键还在于教育者所主导的教育过程中师生之间的互动关系。

品格教育不仅是一种活动，还是一种过程。品格教育的过程性表明：首先，品格教育是在活动过程中展开；其次，受教育者的品格具有多样性。而多样性的品格是在不断成长的过程中形成的。正是人的先天素质与后天环境如自然环境、社会环境、学校环境的交互作用，使人在生命历程中形成了道德品格。

品格教育强调教育者与受教育者的相互作用，强调教育者与受教育者之间的平等和"共生"关系。无论从什么角度论证，教育者都应该是教育过程的引导者、受教育者的引路人。真正的教育是在教育者与受教育者之间架起心灵的桥梁，彼此产生深刻的影响。在品格教育过程中，教师既不是"主人"，也不是"仆人"，而是"平等者中的首席"，与学生是平等共生的关系。

品格教育重视对受教育者核心价值的传授。尽管价值相对主义否定普遍价值和共同价值，但人类社会的历史发展证明，在一定的时空范围、一定的文化背景下，核心价值有其普遍性和共同性。教育的社会性属性决定了品格教育必定要赋予受教育者特定的、能为所有文化接受的、具有共同性和普遍性的核心价值。

品格教育反对简单灌输，重视受教育者的品格形成过程，主张从"灌输"转向"对话"。"灌输"表现为教育者的专制与受教育者的"永远"被动接受。而品格教育不是强调价值的唯一性，而是强调价值的共通性、同一性，品格教育过程并不是教育者对受教育者的专制灌输过程，而是通过教育者对受教育者的价值引导，使受教育者自主建构价值进而成为品格的过程。

品格教育的实施要以学校为基础，并与家庭和社区进行合作；同时为实现良好品格的培养，必须注重发展学生良好的道德意识、道德情感和道德行为，实现道德认知、道德情感、道德行为的统一。

（二）品格教育的内容

品格教育把能增进人类幸福的最基本的核心价值观作为主要内容，把培养人的优良品格作为目标，以构建一个有核心价值观的美德社会。教育是一种具有规范性、系统性和导向性的活动，必然具有一定的价值取向。尽管每个人对价值的认识有所不同，但人类社会毕竟存在某些共同的价值观，因此教育活动中必须通过对价值的认识、培育和提升使学生形成正确的价值观。品格教育基本上都是以"人类具有超越性和普适性的核心价值"这样的假设为基础展开的，其内容就是寻求普遍的、人类共同的核心价值观，确定核心价值观是开展品格教育的前提。

品格教育的基础是人类普遍的价值观，它整合了精神与物质的要素、传统与现代的文明成果，以及东方与西方的文化遗产。儒家学派创始人孔子及其追随者就把仁、义、礼、智、信作为其伦理道德价值的核心所在，古希腊先哲亚里士多德也把理智、正义、节制、勇敢视为四主德。《心理学大词典》把核心价值观定义为"推动并指引一个人采取决定和行动的经济的、逻辑的、科学的、艺术的、道德的、美学的、宗教的原则、信念和标准，是一个人思想意识的核心"。

从这个意义上看待品格教育，可以说品格教育所提倡的核心价值观是一种"和而不同"的、民主的核心价值观。即使是在美国这样多元文化和多种宗教并存的国家，大多数人都认为有一系列核心的价值观。尽管这些核心价值观名目繁多，但总括起来大致有以下八个核心价值和美德：慎思、勇敢、自律、公正、关心、尊重、负责、诚实。前四种美德属于西方传统的四美德，后四种美德则是针对当今社会青少年的道德现状提出来的。其他的描述都可视为上述核心价值观的变式。

国内学者也提出了品格教育核心价值的内容，如叶澜提出四个核心道德，即诚实守信、责任心、爱国、自我完善；朱小蔓提出道德范畴的两个核心概念尊重（即尊重生命）、公正（追求公正的社会秩序）；丁锦宏提出尊重、责任、关怀是价值体系中最根源性的价值。当然，对核心价值及其确定还存在着理论分歧。

第二节　积极心理学引入品格教育的必要性及可行性

一、积极心理学引入品格教育的必要性

（一）促进传统道德教育观念的转变

传统的道德教育主要是灌输道德、价值观和思想政治观念，不关注学生的实际心理诉求。这样的教育方式使得高职生的部分品格缺失，如高职生的个人意识太强，自尊心太强，还有独立性和叛逆性，希望自己当家做主，不喜欢刻板枯燥的学习方式和学习内容。此外，高职生中很多人的世界观和价值观发生了较大改变，价值取向趋于功利化，在生活上表现为人际关系不和谐，以自我为中心等。

积极心理学另辟蹊径，在一定程度上启发了品格教育的教学思路。过去的教育为了调动学生的部分兴趣，也采用了一些新鲜的理论和方法，但没有深入了解学生的情感和实际诉求，人文关怀和人性教育也很薄弱，到头来仍然显得很被动。学生无法发挥其主观能动性和创造力，就会变得消极和抵触。只有用积极的态度来启发学生的心智，引导其心理健康发展，使其心理上真正接受，并自我教育，才是真正的品格教育。

（二）引导高职生心理健康发展

我国思想政治教育的目的和价值取向是人的自由全面发展，是个体在能力和个性自由方面的全面发展。在进行品格教育时，要找准个人身心发展的规律，使其与人的个性发展相适应。品格教育工作的目标是使个体达到社会期待的品格和德行，进而促进个体素质的不断形成与发展。个人品格的培养过程与个体素质的发展现状是息息相关的，所以，品格教育工作必须立足于受教育者个体现有的素质水平，背离这种规律就会使受教育者缺乏个性特色，甚至向畸形方向发展。

高职生的个人关键成长时期是青年时期。他们热情又洒脱，自由又奔放，但难免会产生盲从、幼稚、自卑等复杂的思想。在人生观、价值观形成的过程中，他们的自我行为与社会规范产生冲突时，会通过自我调节和不断适应，慢慢形成自己的思想。高职生品格教育在其思想发展和成熟过程中非常重要，所以更要立足于高职生和高职院校教育的实际情况，在实际的品格教育教学中引入积极心理学，使高职生的思想、行为、心理等各方面的发展完善都得到促进。

（三）提升高职生品格教育的实效性

当今高职生品格教育的实效性并不好，原因包括高职院校品格教育创新的不足，理论运用与实践没有到位，灌输式的教育方法没有彻底更改，教育的内容脱离现实，等等。简言之，高职院校把品格教育的重点放在道德理论的传授，而忽略了学生对其接受和心理认可的程度，忽视了人作为受众的最本质的需求。当前高职院校的品格教育重视教育的过程，但忽略了教育结果的实现程度，这正是问题的症结所在。

积极心理学的研究对象是善良、友爱、对事物的好奇心以及团队协作能力等一系列积极的特质与素质，这些特质正是当今高职生最缺乏也最需要的积极品格。此外，像家庭关系、教育状况等一类影响人们生活品质的因素也属于积极心理学的研究对象，这些因素同样也是当今高职生品格教育所应加强的方面。因此，借鉴积极心理学的有关理论，从人性关怀的角度根据高职生的实际诉求和教学任务合理平衡教学内容，提高高职生对品格培养的兴趣，有利于提升高职生品格教育的实效性。

二、积极心理学引入品格教育的可行性

（一）研究对象的相关性

品格教育的对象是高职生，教学目的是借助教育者与被教育者在教育阶段的互相影响，通过教育工作者的引导和高职生个体的自主构建，形成具有高职生个体主体性的德行品格。品格教育的所有行为均以高职生的成长为重心，努力为高职生服务。

积极心理学的研究对象重点是社会人，即分析普遍人群的某种心理特征对其行为和相关心理活动的影响，然而这不会影响其对高职生品格教育的参考价值。在实际生活中，一方面高职生不但拥有成年人的心理特点，而且不存在社会人的不良心理习惯，因此成为积极心理学研究测试最为合适的样本；另一方面，高职生群体不是社会人的特殊集合，虽有其特殊性但也不乏同社会人的共性，而且高职生的归宿还是社会，因此提前融入社会人的分析研究对其不无益处。

积极心理学的研究内容实质上包含乐观思想及其衡量、良好的个性以及关于才能的培养、积极的人际关系等。这些层面把人作为研究的对象，而高职生也属于这个集合的一个构成单元，具备相同的性质。

（二）人文关怀的一致性

对高职生进行品格教育是为了促使其个人品格的养成和完善，最终形成与社会发展相适应的健全的人格。品格教育的过程不仅是核心价值观等理念的传授与接受，更是教育者与受教育者之间情感交流的过程。教育者应给予高职生适当的人文关怀，让他们跳脱出被动学习的角色，得到切实的主观体验，更好地感受

和领悟事物、思考问题。

积极心理学同样展示了人性关怀的意义，它启发人们要欣赏他人，体验积极的情绪，发掘并培养人的积极品质，认为使人自己具有自我防御的能力比发展外在价值更加重要。积极心理学体现了人文关怀的实质，即促进人的全面发展，尊重人的主体地位和价值体现，彰显人权和尊严，不断培养人的自主意识和理想信念，帮助人们理解生命的真谛和彰显人生的价值。

二者的相通之处显而易见，并且均能引导人们的积极主动性，同时依照自身真实的需求去恰当地选择想要学习的内容，进而获得良好的学习效果与生活感受。

（三）思想理念的互补性

传统的品格教育和道德教育理念强调人们对思想、政治和品德教育的实质与规律的理性的认知，这是高职院校从事品格教育实践的根本指导思想和行为准则，同时是对未来发展前景的美好愿望与憧憬，更是对其他教育观念起统领作用、具有统摄意义的核心观念。但这难掩传统品格教育和道德教育的一个潜在假设，即学生必须通过教化才能形成正确的价值观和良好的品格，这在本质上与传统心理学"治病救人"的理念如出一辙。而积极心理学区别于传统心理学的一大特点在于它对人的积极品质和特性的关注。

积极心理学试图从人所拥有的美好品质出发，使人们看到更多的真善美，同时培养积极的人格品质，最终使每个人都发现自己的需求点，从而主动学习和接受外界正确的事物，并能用积极的眼光去理解和解决现实中的问题。所以，借助积极心理学的关联理论能够非常好地指引传统的品格教育和道德教育的受众，发现品格教育理论中的积极性，并用现实的例子灵活地解释理论知识，最终产生互补效应。

综上所述，积极心理学与高职生品格教育的结合不仅具有时代发展和教学需要的必要性，也具有理论研究和教学实践的可行性。

第三节 高职生品格教育的现状及面临的困境

一、高职生品格教育发展的现状

随着社会主义市场经济的进一步发展，现在高职生的自我意识、价值意识、竞争意识在慢慢增强。全球化的影响、西方文化的冲击等外来因素，使得当代高职生的行为价值取向受到前所未有的考验，由此呈现出当代高职生道德品格发展不平衡的复杂状况。一方面，品格教育发挥出一些优势，对当代全体高职生来说，品格教育呈现出积极、主动、健康、向上的良好形势与状态；另一方面，当代高职生的品格教育实效性差的情况仍未得到解决。为此，品格教育也在不断寻求自身新的存在价值和启发功能，许多学者结合丰富多样的学科理论不断寻求新的突破，以期给品格教育带来更加明显的效果，克服品格教育实效性差的困境。

当前品格教育的发展现状主要体现在以下五个方面。

①学科系统慢慢健全。关于品格教育有关的研究与著作越来越多，涉及品格教育的方方面面，如原理探索、学科系统、方法手段等。

②研究的手段多种多样，呈现出不同的形态与方式。

③增加更多的学科分支。品格教育的有关理论综合了认知结构学、社会学、经济学、管理学、心理学等不同学科领域，延伸出大量的新式学科，丰富了学科种类。

④趋向多个学科的综合研究。品格教育的探索借助于管理学、心理学、经济学等学科的相关知识与方法，不断探索和发掘不同的研究手段，研究有效提高品格教育实效性的方法。

⑤品格教育与社会之间的关系更为密切。随着科技的不断发展与网络的逐渐普及，高职生早已不满足于课本所学的知识，因此结合社会的发展以及政府对具体环境制定的法律法规和政策来解析品格教育教学内容已经是大势所趋。品格教育的生命力在于与社会实践结合，否则就会失去说服力。

二、高职生品格教育面临的困境

（一）品格教育思维阻滞

1. 教育理念狭隘

现代教育把"以学生为本""全面发展"作为重心，其实质是要求品格教育工作者始终坚持用积极、发展、全面的眼光对待每一位高职生。但是，就现实的教学来看，一些教育工作者不能及时地更新现代教育理念，依旧以相对狭窄、偏颇的思想开展教学工作。

在传统的品格教育过程中，教育工作者习惯于分析高职生存在的情况与问题，并严肃地给高职生实施预防、管控甚至惩罚的手段，这是出于让高职生不再出现同样错误的目的。在这些教育工作者看来，如此方可切实地实现品格教育人目的，才是具有实效性的。所以，他们致力于研究实际存在或可能存在于高职生身上的情况，借此来解决或者处理这些问题，慢慢地忽略了高职生自有的积极品格与优秀品德。在如此狭隘、片面的品格教育理念的指导下，教育者很难发现高职生身上的优点和美德，从而难以发掘高职生的潜能并促进高职生健康地发展，这不利于高职生良好思想品德与行为的培养与发展。

2. 教育内容片面

随着改革开放的进一步开展，时代与社会均不断进步，社会环境慢慢变得复杂，其架构同样产生了相应的改变。然而，高职生品格教育的内容却不能跟上时代的脚步。也就是说，当代高职生品格教育的内容相对陈旧落后，缺乏依照时代的进步与社会的要求实施相关的修整。从积极心理学方面来说，现在高职生的品质与道德教育的内容老旧、不全面，无法彻底地展示其有用性，也无法切实地满足社会主义教育的需求。

品格教育内容的片面性首先反映为忽视学生的主观幸福感。积极的情绪体验属于积极心理学研究的一个关键部分，主观幸福感的研究在积极心理学的研究中同样属于十分关键的内容。积极心理学提倡把帮助人们过上幸福生活作为研究目的，高职生品格教育同样以教育学生如何获得幸福为目标。然而很长一段时间内，就高职生品格教育的主要内容来说，均存在忽视高职生主观幸福感的现象。

一部分教育工作者忽略高职生幸福感受的获取，单一地实施说教，进而造成品格教育教学的成效不佳，教育目标难以实现。内容缺少主观幸福感这一关键因素，教育过程忽视高职生的情绪体验，忽视对高职生的心理关注，仅仅对其进行教学知识的填喂，很容易导致高职生丧失学习的乐趣，同时使其学习的主动性也相应减少，也就无法达到教育目的。这既使品格教育工作者失去了教学信心，又使学生丧失了乐趣和兴趣，甚至可能导致学生逆反思想的出现。

品格教育内容的片面性还反映为忽视对高职生积极认知的引导。现在高职生的德行品格好坏不均，他们个性突出，习惯以自我为中心。高职生群体中，部分人情绪相对敏感，遇到挫折容易消极悲观，处理事情的能力不强，抵抗压力的能力不佳，这都需要教育者引导他们形成积极的认知，使他们学会积极主动地思考问题。此外，高职生群体在心理上也渐渐成长成熟，对国家时政和国际时事的关注越来越多，爱国思想与社会责任感逐渐增强。他们不仅感受到了现代社会飞速发展的大好趋势与已取得的显著成果，也开始思考在社会发展过程中逐渐显露出来的一些问题，如贪污腐败、就业困难、教育有失公允、环境污染等。这些负面信息容易给高职生的思想造成冲击，对他们价值观的形成产生负面作用，给高职生品格教育工作增加了难度。因此，品格教育不但要塑造高职生科学的认知方法，还必须教育他们从多重角度看待问题，塑造其积极主动的认知系统，而这恰恰是当代高职生品格教育极为欠缺的环节。

（二）品格教育环境欠佳

品格教育环境是指对品格教育活动以及品格教育对象的品格与德行的形成和发展产生作用与影响的所有外来要素的总和。近朱者赤，近墨者黑，不可以忽略环境条件对人产生的作用。以下主要从家庭环境、学校环境、课堂环境和社会环境四个方面分析消极环境对高职生品格教育的影响。

1. 家庭环境

对高职生影响最大的环境条件是家庭，常常说孩子的第一任老师是家长，高职生受家长思想、观念与行为准则的耳濡目染，并受其潜移默化的影响。但此类影响并非全部属于积极有利的影响，还包括以下几个方面的消极影响。

第一，当代高职生大多是独生子女，家长给孩子过分的爱护，由于担忧其踏入社会后受到欺负、欺骗，其在教育子女的过程中往往传递出对别人不信任的信号，长期以来会对子女产生不利的影响。

第二，现代社会发展速度很快，人才竞争残酷。家长均盼望孩子可以得到更大的成功、过上更为舒适的生活。如此导致其家庭教育阶段存在看重智力、轻视品德的想法，甚至出现"唯利益论"等恶劣的价值观，这同样会给子女的成长成才带来不利影响。

第三，不同的家庭经济条件和不和睦的家庭状况，同样会导致高职生的心理出现或多或少的创伤。例如，家庭的经济状况不同或许会使高职生产生虚荣、攀比的心理，长时间处于家庭暴力的孩子比较容易出现极端的品格性情。上述所有情况均在一定程度上影响高职生的成长与发展，以及他们品格的塑造。所以，不良的家庭环境不利于品格教育活动的实施，也难以使品格教育的实效性得到真正发挥。

2. 校园环境

校园环境对高职生的品格教育有着直接的影响，良好的校园环境能够引导高职生形成优秀的品格；反之，不良的校园环境则会诱导出消极的后果，主要反映在两个方面。

首先，外界商业化影响着校园的物质环境建设，在外界利益的诱惑下，一些理应为高职生服务的教育资源被挪用他处，教学配套设施跟不上，失去了教育资源根本的目的。利益化、商业化的校园物质环境会影响高职生思想的健康成长。他们容易受社会不良风气的影响，进而萌生拜金主义等不健康思想。

其次，校园内存在较多消极因素，人文环境建设不到位，主要表现在两个方面。

第一，高职生的学风不正。近年来，高职院校逐渐呈现出扩招的趋势，招收的高职生越来越多，但是高职院校的教育资源却跟不上扩招的步伐，滋生了诸多管理缺陷问题，导致高职院校对高职生的管理不到位，且大量高职生存在自制力弱、缺乏学习目标的问题，由此出现了部分高职生学习态度不端正、自我要求松懈等不良现象。

第二，人际关系不和谐。目前的高职教育中以"90后"独生子女为主，处于

新生代的"90后"呈现出缺乏人际交往技巧、自我中心较强、个性强烈的特点，但是许多高职院校还是以前的教育方式，未与时俱进，用原来的教学方式和要求来培养新生代的高职生，出现了高职生在人际关系方面不和谐甚至抵触人际关系的现象。

3. 课堂环境

课堂是高职生获取知识的主要形式。高职生在课堂中获得知识和学习的能力，学习效果也在课堂中得到展现，可以说课堂环境对学生的意义重大。然而，当代高职生品格教育的课堂教学环境并不理想，主要反映在以下两个方面。

一方面，教学形式缺乏吸引力、教学内容乏味枯燥。据调查，超过50%的高职生认为当下高职院校开设的有关品格教育的课程对他们缺乏吸引力，教学内容枯燥，缺乏新鲜感，以至于在学习过程中缺乏足够的兴趣，从而导致学习效果欠佳。

另一方面，大部分高职院校的品格教育课堂还是采用机械的书本知识传授方式，教师按照书本和课件的内容干巴巴地讲解，与高职生之间缺乏足够的交流、沟通、互动和反馈，高职生在听讲中易集中不起注意力，进而失去探索品格教育知识的乐趣。

不良的课堂环境一方面不利于高职生对品格教育知识的掌握和吸收，另一方面甚至会使部分高职生产生厌学情绪，从而使道德品格教育工作的开展难以有效持续地推进。

4. 社会环境

学校是整个社会体系的一部分，与社会是密切相连的关系，所以高职生受到的消极影响主要源头还是复杂多变的社会环境，具体表现在以下三方面。

（1）受市场经济的负面影响

市场经济是把双刃剑，一方面有效地促进了经济发展、提高了人们的文化物质生活水平，为人们提供了更加优越的生活环境；另一方面，市场经济也衍生出了如诚信缺失、自私贪婪、串谋行为、拜金主义、腐败观念等不正确的思想，这些都对高职生的品格教育产生了恶劣影响。

（2）全球化带来的外国文化的冲击

全球化的发展带来了多元化的文化冲击和机会选择。在面对诸多诱惑的时候，正处在心理生理发育阶段的高职生可能会由于缺少正确的辨别力而误入歧途、失去自我，所以说全球化的推进同样给高职生的品格教育工作带来了困境和阻碍，在各方面影响着高职生的品格培养。

（3）社会转型时期的消极因素影响

当前正处于社会的转型阶段，在此期间社会中出现了诸多贫富差距过大、利益分配不均的现象，也造成了许多人因心理失衡而危害他人、危害社会和谐的现象，这些消极因素会在潜移默化中影响着高职生的品格培养。

（三）品格教育缺乏实践

品格教育在提高民族道德素质方面扮演着重要角色，可有效促进我国社会经济的进步、和谐社会的建立和《公民道德建设实施纲要》的落实。但目前品格教育的培养效果不尽如人意，高职生中仍然存在着诸多与社会主义核心价值观不协调的观念。纵观目前高职生的诸多道德品格问题，实践环节的缺失是较为重要的原因。

道德品格的教育不仅是认知，更是实践。孔子提出"行笃敬"的主张。《中庸》提出"力行"的观点，都说明人的主张、观念和思想要利用实践来实现。朱熹提出"知行合一"论，认为认知和践行是提升道德的重要途径。《有效品格教育的11条原则》（美国）中三条都提到了品格的发展依靠认知—情感—行为来实现。由此，道德品格的培养需要依靠社会实践来实现。

但是，中国多年来注重的是应试教育，十分重视学习教育，在这个过程中缺乏相应的社会实践培养教育，缺乏对学生情感品质的培养。因此，在社会中存在着具有价值观错位、自我、没有责任感、缺乏上进心、不守信等特点的高职生。其根本原因主要包含以下几个方面。

1. 传统教育方式存在缺陷

传统的应试教育忽略了对高职生品格的培养，只重视他们的学习成绩，认为成绩好的学生就是品学兼优的学生，对成绩优异的高职生重点关注，甚至于三好学生、道德标兵等荣誉称号也是以学习成绩来评定的，由此造成高职生更加注重成绩，一切向成绩看齐，进而忽略品格的重要性，以致缺乏对自身品德的修养。

2. 品格教育跟不上时代的步伐

目前，高职院校的品格教育还停留在机械枯燥的说教方面，缺乏亮点，形势呆板，无法激起高职生的学习欲望。品格教育工作者跟不上喜欢接受新鲜事物的年轻群体的步伐，造成授课内容和学习主体间的严重脱节，甚至还会导致高职生产生抵触心理，最终达不到教学目的。

3. 品格教育的方式缺乏灵活性

高职院校通常采取理论灌输的方式进行品格教育，高职生在学习过程中往往只能够学习到相应的理论，而不能将这些理论真正转化为自身的道德品格，缺乏理论与实践的相互结合，也就不能产生良好的教学效果。

4. 品格教育的评价方式缺乏科学性

目前，高职院校仅仅通过对学生理论知识的考试来考核高职生品格教育所产生的效果，而没有真正地重视高职生在日常生活中的道德品质表现。

总之，高职院校应该加强品格教育的实践环节，提升对高职生的品格培养，提高社会实践的实效性，这是当下高职院校提高高职生品格教育实效性的重要途径。

第四节 积极心理学视域下高职生品格教育路径

一、转变高职生品格教育理念

品格教育的发展首先要依赖于先进的教育理念。传统的品格教育理念中或多或少存在着阻碍高职生品格教育发展的因素，所以应建立起积极教育的理念，改变传统教育中的不利因素，并发展与时俱进的生动授课方式，来解决当今高职生品格教育的困境。具体有以下几个方面。

（一）培育积极的认知方式

积极心理学研究表明，积极的态度、正确的思想有助于问题的解决；反之，错误的观念和消极的思想则会让人陷入困境。因此，正确的认知方式和积极向上的观念有助于健康人格的培养。当代高职院校的品格教育正是培育高职生积极认知方式和正确观念的重要一环，主要通过控制社会的负面内容和高职生的个人消极情绪，利用健康积极的内容来对比消极情绪的暂时性和错误性。当代高职生品格教育旨在构建一个塑造高职生积极思想理念和人格的平台，从根本上解决高职生的不良情绪。因此，应充分发挥品格教育的积极作用，引导高职生塑造良好的道德、积极的情绪和健康成功的心态。

积极的认知方式表现为乐观。积极心理学旨在挖掘个体消极心态的产生方式和来源，对人积极观念的产生进行指导，使人在源头上剖析自身的同时保持乐观的心态来处理生活中遭遇的困境和失败，用良好的心态来战胜自己。同时，希望也是积极认知方式的反应。诸多科学研究表明，希望在实现个人价值和目标的过程中起着非常重要的作用。拥有希望的人更容易拥有高涨的情绪、更加坚韧、更具有目标性。高职生品格教育同样需要"希望"教育。目前，我国的教育仍然存在着问题教育的误区，仍然缺乏培养主观希望的教育方式，因此需要对高职生加强希望教育。

（二）培养积极的情感体验

1. 主观幸福感的培养

培养主观幸福感是当代高职生品格教育的基础，然而现有的品格教育对"幸福"的相关论述比较欠缺，缺乏相关的概念和具体的论述。因此，需要在现有的教学内容上适当地引入幸福理念，教育工作者也应对高职生进行正确的引导以培养他们的主观幸福感。增强主观幸福感主要有以下途径。

（1）正视自己，相信自己

自卑的人由于不相信自己从而很难在生活中经常获得幸福和快乐，而自信乐观的人对自身有充分的认识，相信自我，正确认识生活，这些特点均有助于其获得持久的幸福。

（2）处理好人际关系

良好的人际关系可以分享自身的喜悦并能化解自己的苦恼。家人、伴侣、朋友都能给自己带来莫大的动力，人们会因为良好的人际关系而感到幸福。

（3）养成健康的生活方式

现在很多高职生的身体都处在亚健康的状态，这是由于他们的生活方式不健康、缺乏适量的运动。健康的生活方式以及适量的户外运动能使人们的负面情绪得到缓解，进而过渡到良好的状态，保持健康的心态和身体，这也是追求幸福的基本保障。

（4）培养个人的兴趣爱好

拥有自己的兴趣爱好，做自己喜欢的事，使自己的精神有所寄托，这个过程也会给自己的生活带来阳光和乐趣，让人感到幸福。

2. 流畅体验的培养

在高职生品格教育中引入流畅体验，目的是消除高职生对于品格教育的成见，深刻理解品格教育的意义，进而使品格教育的实效性得到提高。教育工作者可以在高职生品格教育工作中把流畅体验融入相关的教学中，以培养高职生流畅体验的能力，使高职生在积极情绪体验中获取更多的帮助来充实完善自身。

首先，教育工作者通过对流畅体验相关理论知识的讲解，引起高职生对于流畅体验的好奇和兴趣。

其次，教育工作者可以引导高职生进行流畅体验，提高高职生对流畅体验效果的感知和积极性，并加强与他们的沟通交流，获取他们的信任，做好充分培养高职生体验能力的准备。

再次，教育工作者鼓励并引导高职生利用好业余时间培养自己的兴趣爱好，并把这个过程融入品格教育的活动中，使高职生在学习、技能方面及音乐、美术、电影等领域获得流畅体验。

最后，教育工作者要引导高职生在获得流畅体验的美妙感觉后及时反馈，使其在与教育工作者分享和交流的过程中，将流畅体验转化为经验，以此来加深主观感受。

二、构建积极的品格教育环境

（一）加强家庭环境的正向性

高职生品格教育与他们的家庭教育存在着不可分割的关系，因为他们除接受学校的教育外，还需要接受家庭的教育。家长是孩子最好的老师，也是第一任老师。家长对于孩子不只有教养的作用，还应该向孩子表达出自己的爱，这里所说的爱不仅仅是时间上的付出和物质上的付出，还有心理方面的沟通。因为家长与孩子的性格气质是存在差距的，所以家长在进行教育的时候，要和子女商量，用双方都认可的方法进行教育，这样孩子才可以在比较健康的环境里成长，才能具备乐观以及平和的心态。

另外，家长的行为对于家庭氛围也有很大影响，想要为高职生的品格教育营造良好的家庭环境，家长要做到以下几点。

第一，家长应该具有比较积极的性格，处理事情的时候心态要乐观，不能将消极和负面的信息传递给孩子，也不能对孩子使用暴力或者出现暴力的行为，要对事情负责。

第二，家长要对孩子进行正面的鼓励和引导，帮助孩子树立信心。同时，家长要改变原来的传统成才理念，不能只看孩子的成绩，不能将成才当作是培养孩子的唯一目标，应该更加注重对孩子品格的培养，让孩子全面发展，提高他们的综合素质。

此外，家长还应使孩子树立正确的思想品德观念，在子女品格塑造的重要阶段及时给予心灵的关怀和积极的引导。

（二）增进学校环境的引导性

1. 建立富有教育意义的物质环境

对于高职生来说，在学校学习的机会是最多的，因此校园环境会影响他们的品格，从而影响他们的气质和感情。因此，高职院校在规划和布局各种建筑物以及相应设备的时候，要把握为品格教育服务的原则，帮助高职生健康发展。

首先，作为校方，应该对学校环境进行优化，配置全套设施，使其足够清静，具备正能量。其次，要逐渐把校园文化设施以及相关的文化制度建立起来。

这里说的文化设施是指文娱中心、体育馆和图书馆等。文化制度就是完整的社团管理制度。除此之外，还需要优化高职院校外部的环境，因为高职院校实行的是开放性教育，所以其周围的环境在很大程度上会影响高职生的健康发展，所以高职院校必须和相关部门合作，对其周围一些不规范的经营以及一些不正规的场所进行打击。总的来说，要着重对校园的物质环境进行建设及改良，这样高职生才可以逐渐受到积极的影响。

2. 打造积极的人文环境

建设积极的人文环境，要先营造良好的学习氛围，只有良好的学习氛围才能使高职生有效地提高自己的学习成绩，同时拥有一个良好的学习情绪。作为校方，要加强校风建设，倡导良好的学风，营造一个具有浓厚学习氛围、良好学习风气的学习环境，打造良好的校园文化。另外，可以开展如社会调查、学生演讲比赛以及学术报告等活动，一方面可以增加高职生的知识，另一方面可以陶冶他们的情操。

（三）加深社会环境的净化度

积极心理学强调的积极的社会环境应该具备以下几个特质：公正、正义、安全等。不可否认，一个良好和谐的社会环境能为高职生品格教育带来更多正能量。要想净化当下的社会环境，可以从以下几个方面采取措施。

1. 大众媒体方面

大众媒体要有社会责任感，在新闻报道时一定要多报道正能量的新闻以及当代社会所认同的价值观，让高职生在新闻报道上全面深刻地了解社会以及树立良好的社会责任感。大众媒体不应该一味追名逐利，过度渲染负面新闻，而是要杜绝此类事情发生，让高职生都能更好地认识自我，让社会多一些和谐、多一些正能量。

2. 社会成员方面

所有社会成员都要从我做起、从小事做起，树立新风，担负起祖国繁荣复兴的己任，用积极正确的心态关心影响周围的朋友，共同为社会主义和谐社会做出努力。

3. 政府部门和社会组织方面

政府有关部门和社会相关组织都要做好各方面的动员工作，加强思想道德建设，宣传法制教育，要用法律武器保护自己和他人，构建社会主义和谐社会。

三、加强品格教育的实践环节

理论和实践教育是高职院校教育体系的两个重要组成部分。当代高职生在社会实践中能更好地认识了解社会，可以增长学识、锻炼体魄，还能增强社会责任感等优秀品格。

（一）提高实践活动的参与度

高职生在社会实践中能有效地了解客观世界、改造客观世界，在此基础上可以更好地了解和创造自己的价值观，最终使自己形成符合社会发展客观规律的世界观、人生观和价值观。高职生正处在人生的关键分水岭，在这一阶段他们的身心尚不成熟，充满未知性和不稳定性，外界环境极易对他们的成长造成影响，从而影响其三观的形成。

在社会实践中，高职生可以全方位地了解世界、了解社会、正确认识自我，还能增强社会责任感。同时，实践环节能更好地把书本理论同实践相结合，让高职生的知识结构更趋合理、更好地塑造自身品格。因此，高职院校有必要面向高职生开设专门的品格教育实践活动。但值得注意的是，高职生品格教育实践活动是面向全体高职生的活动，强调的是全体高职生的参与效果，不应局限于一部分或少数高职生，所以应该制定有效合理的政策，避免追求轰动效应和"短平快"的实践项目。

因此，高职院校必须建立合理有效的组织部门，加大资金投入，开展各项思想教育，让高职生的社会实践活动得到很好的发展。同时，要实现管理方案的科学性，建设更好的制度措施，落实好一切方案，确保社会实践的指导、计划、管控、落实、考验等程序能合理运作。要明确规定好高职生在品格教学实践课程的要求，切实地将社会实习算入教学的综合课程内，对关于社会实习的讨论和课程设置进行升级，主动配合教务科研等相关单位的工作。

（二）突出实践活动的针对性

高职生品格教学实践活动以增强针对性和提高实效性为指导思想。高职院校组织的高职生品格教育实践活动应该与实际相结合，符合平常生活的感觉。高职院校要严格把控高职生社会实习的开展规范，采用社会实习和理论教学紧密联系的发展方式，一方面要弘扬优秀传统，另一方面也要做到创新，同时要多关注高职生的思想问题，尤其是要根据实际情况进行思想上的改善，保护好高职生的基本利益，对症下药、慢慢推进、确保成果地开展高职生品格教学实践活动。

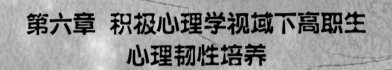

第六章 积极心理学视域下高职生心理韧性培养

坚韧性人格方面的问题给高职生带来了十分明显的危害。这些危害影响了他们潜力的开发，成为高职生未来成功和发展途中较大的障碍。这些障碍逐渐发展成一种人格问题或人格上的缺陷，可能会出现学生犯罪或自杀的悲剧。因此，我们必须重视积极心理学视域下高职生心理韧性的培养。

第一节 心理韧性与坚韧性人格

一、心理韧性

（一）心理韧性的界定

对于"心理韧性"有多种不同的界定，大致可归为三类。

1. 特质性定义

特质性定义将心理韧性定义为个体内在稳定的人格特质或能力，具有这种特质的个体即使在危机或不利情境下仍能发展出积极的应对策略。例如，有人认为，心理韧性是个体能够承受高度破坏性的变化，并表现出尽可能少的不良适应行为的能力。

2. 过程性定义

过程性定义将心理韧性视为一种动态的、系统的适应性行为过程。例如，美国心理协会提出，心理韧性是个体面对生活逆境、创伤、悲剧、威胁或其他生活重大压力时的良好适应过程，它意味着个体从困难经历中"恢复过来"。

3. 结果性定义

结果性定义强调心理韧性是个体在不利环境下适应和发展的结果。例如，有研究者把心理韧性定义为"个体在经历艰难和威胁的过程中逐渐发展出良好的适应能力的一类现象"。

上述三类定义并不矛盾，它们各自从不同角度揭示了心理韧性的特征。

心理韧性是一个包含多侧面、多维度的概念，兼具特质性、过程性、结果性、普遍性与差异性等诸多特点。面对压力和困境时，个体具有某种心理调适、复原的能力或心理特质，这些能力或心理特质的运作就是不断利用各种内外部资源进行心理调适与修复的过程，其结果是缓解压力，克服困难，适应新的环境。每个人都具有心理韧性的潜能，说明心理韧性具有普遍性；但每个人所表现出的心理韧性水平各不相同，因此心理韧性又具有差异性。

综合各种观点，我们将心理韧性定义为，个体在面对压力困境时，充分利用各种内部和外部资源进行调节，以适应环境和发展自我的心理和行为过程。

（二）心理韧性的理论模型

从不同的角度阐述心理韧性的作用机制便形成了多种不同的理论模型。其中，最具代表性的理论模型包括以下三种。

1. 层次模型

亨特和钱德勒使用访谈方法对高职院校经常发生问题行为的学生做了一项有关心理韧性的调查，结果发现，这些学生竟然将心理韧性归结为拒绝交往、离群索居、情感冷漠三个方面。这一结果促使研究者进行反思，并提出了心理韧性的层次模型。

他们将心理韧性分为三个层面，其中，最低层面的心理韧性仅仅具有生存意义，如有人采用暴力侵犯或情感压抑来实现自我保护；中间层面的心理韧性具有防御意义，个体通过逃避或拒绝与他人交往来避免受到不良环境的伤害；最高层面的心理韧性才具有成长和发展的意义，只有在这一层面上，个体才能积极调动内部和环境资源，有效处理和应对各种压力事件。心理韧性的发展处于最低层和中间层的个体在成年后常常表现出各种适应不良。

2. 发展模型

发展模型认为通过一些手段或方式，心理韧性是可以不断发展的。

卡普兰在对大量经验性研究文献进行归纳和总结的基础上提出促进心理韧性发展的四种方式。

（1）降低危险因素的影响

通过强化个体对危险因素的认知，减少或避免个体与危险因素的接触。例如，可以先让儿童在风险较低的环境中学会如何应对，之后碰到更危险的情境时他们便能从容处理，从而使危险因素的影响降低。

（2）减少危险因素所造成的长期连锁反应

例如，健康父亲（母亲）或他人的良好照顾可以减少因母亲（父亲）患有严重精神疾病所带来的长期连锁反应。

（3）提升个体自尊和自我效能感

较高的自尊和自我效能感有助于减少危险因素对个体的影响，保证个体的良性发展。

（4）为个体获取资源或者度过生命中的重要转折期而创造机会

大多数情况下，挫折和压力是不可避免的，在这种情况下，个体需要周围环境的支持，以对冲危险因素的作用及后者所带来的一系列负面效应，使个体在战胜挫折和压力的过程中获得成长，促进心理韧性的发展。

3. 过程模型

格伦·E. 理查森(G. E. Richardson)在前人研究的基础上提出心理韧性的过程模型，如图6-1所示。

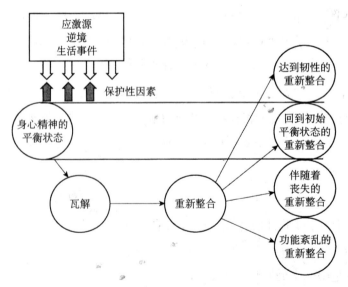

图6-1 心理韧性的过程模型

该模型认为，在面对应激源或生活事件时，个体会调动内外部的各种保护因素加以应对，以便维持生理、心理及精神层面的平衡。如果保护因素不足以抵抗应激源或生活事件的冲击，平衡就会被破坏。在此情况下，个体不得不改变原来的认知结构和行为方式，将其进行重组。这一过程可能导致四种不同的结果：

①心理韧性得到增强，个体获得高于原有水平的平衡状态；

②恢复原有的平衡状态，个体未能把握成长机会，选择维持原状；

③个体以放弃原有的动机、理想或信念为代价，建立低于原有水平的平衡；

④以消极、不健康甚至破坏性的方式应对生活压力，导致个体功能紊乱，出现失衡状态。

心理韧性的过程模型强调保护因素和危险因素的交互作用，描述身心平衡状态在高度压力下遭到瓦解之后被重新整合的四种结果，揭示出心理韧性的获得实际上是个体有意识或者无意识选择的结果。

二、坚韧性人格

（一）坚韧性人格的界定

近年来，关于坚韧性人格的研究日渐增多，很多研究者不断扩充其内涵，提出自己对坚韧性人格概念的不同理解。对坚韧性人格的研究越做越精细，定义也越来越多。考虑到中西方文化的差异，给坚韧性人格下一个具体的定义较困难，本文选用的是卢国华关于坚韧性人格的定义。他认为，坚韧性人格是集知、情、意、行为一体的一种向上的积极人格品质。

（二）坚韧性人格的内涵

坚韧性人格的内涵主要包括三个维度，这三个维度之间相互联系。三个维度分别是：承诺、控制、挑战，它们的英文分别是commitment、control、challenge。正因为三个维度的英文都以字母C开头，研究者把这个称为坚韧性的3C结构。

承诺维度是指个体能奉献的生活、工作和人际关系，能积极探索生活中的乐趣和意义，而不是逃避。

控制维度是指在不利条件下的控制手段，个人相信可以通过自己的行动改变事态的发展。在这样的信念指导下，个体积极行动，随着形势的变化而努力影响情势，而不是让自己成为环境的受害者。

挑战维度是指社会个体从自身的生活中得到经验，不论是积极生活经验还是消极生活经验。总之，把变化看成一种生活的常态，把困难看作自己成长路上的一种挑战而非威胁。

所以，一个完整的坚韧性人格结构包含以上三个维度，即承诺、控制、挑战。在这三个维度里，控制维度高、承诺和挑战维度都很低的人，往往不想花很多的时间和精力从过往的经验中学习，却想控制事情发展的结果，他们也不愿意被卷入身边的情境中去。当他们对事情的控制失败时，他们就会丧失做事情的耐心，易怒并自我封闭。这些特征类似于心理学家所说的A型性格，拥有这种性格的社会个体经常以自我为中心，不喜欢向旁人学习。

与A型性格相反的人格特征是承诺和挑战维度都很高而控制维度低的个体，这种人往往很容易完全陷入周围的情境中，他们没想到这样做会影响到事态的发展，也不会从以往的经验中获取智慧。拥有这种性格特征的人没有个性，他们的人生取决于所处的环境。换句话说，他们容易在繁杂的社会环境中失去自我。当各种纷繁复杂的生活琐事聚集在一起时，他们很难面对生活中突如其来的各种变化，会感到压力让人难以忍受，拥有这种人格特质的人的身体也会很容易遭受疾病的侵略。

还有一类人格特征的人，他们挑战维度高、承诺和控制维度很低。这类人经常很容易被新奇的事物所吸引，对熟悉的人和事漠不关心。具备这种人格特质的人经常像一个冒险家，他们往往为了获得更多新奇的刺激而愿意参加各种冒险的游戏或赌博活动等。

当坚韧性人格传入中国并本土化后，它就增多了一个维度，即韧性维度。这里的韧性是指社会个体在追求自己设定目标的过程中，面对路途中的困难时的那种坚韧不拔和乐观进取精神。当今是一个信息发达、竞争激烈的时代，人们面临的压力很大，生活方式也不断受到冲击，这些都对人的身体和精神构成了威胁。韧性可以帮助缓冲应激对身心带来的不良影响，使个体保持身心健康。

（三）坚韧性人格形成的动力机制及实现途径

1. 坚韧性人格形成的动力机制

坚韧性人格的发展需要动机，这种动机主要来源于两个方面：内在动机和外在动机。具体来说，内在动机指的是社会个体自身的生活经历和先天遗传的生理因素；外在动机包括社会风尚、教师的教育风格和父母的教养方式。

（1）内在动机

内在动机指的是社会个体的活动动机来源于活动本身，并且能给活动者本身带来快乐和满足。内在动机一般有四个特征，迪赛和雷扬对此进行了具体概括。一是由个体自身兴趣引起。二是没有明显的外在奖励，动机不仅能满足个体内在心理需要，而且活动本身具有挑战性。三是社会个体活动的内在动机与多方面的因素紧密联系，如先天需要、积极倾向等。四是社会个体的内在心理动机可以反映一个人的本质，如好奇、好问等。这些个体内在动机在增强个人主观幸福感的同时，也是坚韧性人格的组成部分。在实证的基础上，积极心理学家认为人有三种先天心理需要，分别是具有自主性、社会性和胜任能力。这三种需要是个体内在动机形成的心理土壤，是坚韧性人格形成的直接动力，也是个体自身社会性发展和个人幸福的必要条件。

（2）外在动机

内在动机在社会个体坚韧性人格形成中起着重要作用，它并不是坚韧性人格形成的唯一动力。坚韧性人格是多方面因素共同作用下形成的。人们在做某种决定时，经常会受两种动机因素的影响：一种为上述的内在动机，另一种就是外在动机。外在动机在成年人身上表现得最为明显，它与内在动机相反，主要是指由追求活动外的目标引起或活动的外在因素引起的动机。许多人往往会把内在动机和外在动机引发的行为对立起来，认为内在动机行为是自主性的行为，而外在动机行为则是非自主性的行为。事实上，外在动机的行为也表现出明显的自主性。比如，当一个孩子理解到他将来的工作和现在学习的意义之后他就能自主学习，这样引发的学习行为与内在动机行为没有任何区别。

根据自我在外在动机行为中所起的作用不同，对外在动机行为进行划分，主要分为四种：整合调节行为、认同调节行为、内部调节行为和外部调节行为。在外在动机行为中，自我投入的成分越多，外在动机引发的行为自主性就越高。

2. 坚韧性人格实现的途径

先天的气质是一个人后天人格形成的基础，这种气质更有利于形成与其相对应的人格特征，如多血质的气质有利于热情品质的养成。另外，坚韧性人格的形成主要依赖于自身获得的体验，不同的人有不同的生活经历，所以会出现不同的坚韧性人格。增进个体坚韧性体验和培养个体良好的自尊为个体坚韧性人格培养的最主要的途径。

（1）增进坚韧性体验

积极心理学倡导内部动机的体验和知觉是在个体积极体验的条件下产生的，这些要求主要来自个体自身内部，它很容易和个体先天的一些生理特点发生内化从而形成某种人格特质。这里有一个问题需要弄清楚：到底是什么样的经验对坚韧性人格的形成有影响，坚韧的感官体验还是心理体验？

具体来说，坚韧性体验有两种：感官体验和心理体验。与感官体验相比，个体坚韧性心理体验与个体的创新相关，更具个人意义和社会意义，也更利于社会个体产生幸福感并获得成长。在坚韧性的这两种体验中，社会个体主要是把增强坚韧性的心理体验作为坚韧性人格培养的核心，但在生活中，当人们对坚韧性的这两种体验做选择时，绝大多数的人会选择感官体验，个体的感官体验能促进社会个体坚韧性心理体验的获得。因此，积极心理学视域下对坚韧性人格培养的研究不能忽视个体的感官体验。

积极心理学家寻找出了影响坚韧性心理体验的因素，并把寻找出的因素分为两个方面。

一方面是指个体追求坚韧性人格的内在动机因素。社会个体发展的动机不仅包括来自外在的适应性和压力，还包括自身内在的动机，特别是追求积极体验的动机。

另一方面是外部社会文化环境。个人的坚韧性体验不仅受其本能的驱使，也受一定的社会价值观的影响。

从这个角度说，个体的坚韧性体验虽然是一种主观体验，但也不纯粹是一种主观体验。个体的积极体验一直深深扎根于一定的社会文化，坚韧性体验不只是一种积极的体验，同时更是一种社会层面的体验。因此，增进坚韧性体验有利于个体坚韧性人格的培养。

（2）培养良好的自尊

这里所说的自尊指的是一种自我的价值感，这种价值感是对自己各方面价值的肯定。自尊一方面强调个人对自己的评价，对自己的一种长期的赞美，另一方面也是对自身能力、价值观和重要性等各方面一个全面且清楚的认识。简单来说，自尊是对个人自我价值的一种判断，这种价值判断呈现在个体所持有的所有对待自我的态度中。自尊也是社会个体对自己的技能、人际关系等各方面产生评价后，对待自我的态度。自尊包含了两种明显的情感感受，一种是归属感，另一种是控制感，通俗地说，就是我们常说的价值维度和能力维度。

个人发展的主要原因是他们能保持乐观的心态，并且有正面的价值观，这些都需要通过培养个体的坚韧性人格来实现。培养坚韧性人格的途径主要是通过激发和强化个体现有的各种能力和潜在能力，在这一过程中，自尊起着重要的作用。所以说，培养个体的良好自尊有利于坚韧性人格的培养。

第二节　高职生坚韧性人格现状及其成因分析

一、高职生坚韧性人格现状

通过对高职生坚韧性人格的现状调查研究发现，高职生的坚韧性人格总体有很大的提升空间，并且高职生坚韧性人格整体离散程度大，主要从两个方面来看。

（一）年级方面

具体来说，高职生三个年级当中，由于三年级毕业生面临了来自就业、生活等各方面的压力，这些压力降低了高职三年级学生的坚韧性人格总体水平及各维度水平，所以三年级学生总体坚韧性水平要明显低于一、二年级的学生，而高职一、二年级学生之间坚韧性水平不存在显著差异，其中，一、二年级的高职生在坚韧性人格的四个维度，即承诺、控制、韧性、挑战等方面水平也明显高于三年级学生。所以，高职三年级学生的人格坚韧性水平值得关注和提升。

（二）家庭收入方面

家庭收入高的高职生的坚韧性人格水平整体高于家庭收入低的高职生的坚

韧性人格水平。经济基础决定上层建筑，家庭经济收入高的高职生，生活优越，自信心更足，就会促使本人更主动地去做事，因此无论是在承诺、控制、韧性、挑战还是坚韧性人格总体水平上，家庭收入高的高职生远远超过家庭收入低的高职生。

二、高职生坚韧性人格成因分析

对高职生坚韧性人格进行分析，需要从社会、学校、家庭、个人等多角度对进行系统分析。

（一）社会原因

当今，我国正处在经济转型的特殊时期，社会上形形色色的价值观纵横交错。同时，随着中国市场经济的不断深化，经济的快速发展，更广泛的东西方文化的交流，西方的文化价值观对国人生活的影响越来越明显，中西方文化间的理念冲突也变得前所未有的激烈。西方一些典型的思想侵入中国，如利益至上、金钱第一等急功近利的观念，这些观念受到中国人的认可，导致中国的高职生容易迷失自我。加之大多数高职生都缺乏一定的识别能力，没能恰当地筛选这些混杂的信息，很容易形成不正确的价值观。另外，因经济发展导致生活节奏过快，人才竞争过于激烈，使得高职生感到精神紧张，导致高职生坚韧性人格的总体水平不高。

（二）学校原因

高职院校在高职生坚韧性人格的形成方面起着不可替代的作用，因为高职院校是高职生生活的主要环境。能否及时帮助高职生树立正确的价值观，学校教育起主要作用。目前，高职院校对高职生坚韧性人格教育方面的培养不到位，尚不能及时、有效地帮助高职生避免问题的出现。比如，当今高职生坚韧性人格在学校教育方面存在的问题有坚韧性人格方面的教育不到位、教育内容缺乏、教育方法落后等。

首先，坚韧性人格教育不到位。多数高职院校对高职生坚韧性人格教育不够重视。学校教育与其他形势的教育相比较而言，具有一些得天独厚的优势，但由于高职院校至今还未很好地利用这些优势，导致高职院校对高职生坚韧性人格教育普遍缺位。

其次，坚韧性人格教育内容缺乏，坚韧性人格教育收效不大。在教学内容上看，高职院校更加重视教授高职生文化知识以及技能操作，相对忽视他们的人格教育，对在校高职生坚韧性人格培养更是欠缺。

最后，高职院校坚韧性人格方面的教育方法相对落后。高职生人格方面的教育一般属于德育教育，由于德育教育长期采用的是传统的课堂讲授，授课形式单一，最终导致成效不大。

目前，在高职院校坚韧性人格教育的实际教学中，高职院校基本上没有给高职生提供坚韧性人格教育交流和互动的机会和空间，所以学校教育对高职生坚韧性人格培养方面难以取得较好的效果。

（三）家庭原因

一个家庭的人际关系、家庭中长辈的个性特征对孩子人格的形成都会直接产生影响。家庭教育的缺陷是孩子人格产生问题的根本原因。高职生不在校期间以及独立生活以前，基本是和家长一起。家庭成员的生活方式以及价值观都能影响高职生以后的人格发展。刻板、严厉的家庭教育培养出来的孩子是胆小懦弱、倔强固执、不善于变通的。可见一个家庭的教育对高职生的人格培养极具重要性。因此，家长不能忽视家庭对孩子坚韧性人格的教育力量。

家庭氛围能为孩子人格的成长提供一种心理环境。其中，融洽、和谐的家庭氛围有利于高职生坚韧性人格的培养；反之，高职生则容易形成孤僻压抑的人格。残缺家庭的高职生由于从小缺乏家庭教育，就会比正常家庭的高职生更容易出现人格问题。据调查统计，青少年中犯罪者多出自残缺家庭。

（四）个人原因

高职生坚韧性人格是在多方面因素共同影响下形成的，除了上述的社会原因、学校原因、家庭原因，还有其他方面的原因，如个人道德修养水平和自身的心理素质。

从调查的现状得出，高职生普遍存在以下问题：缺乏社会经验，面临压力的时候通常采取被动承受而非主动调节，对生活压力的自我调节能力较差，适应能力不强。高职生正处于人生的过渡期，从青年过渡到成年，身心都还不算成熟，生活阅历浅，辨别能力差。特别是高职生中的独生子女，在家受到较多的宠爱，缺乏生活中真实的锻炼，当他们遇到生活和学习中的压力和困难时，不懂得正确地面对和调节，这些都不利于高职生坚韧性人格的形成。

总而言之，影响高职生坚韧性人格的因素来源于多方面，大到社会及文化因素，小到书籍和网络因素。行为主义心理学家华生强调，人格虽然说是一个人相对稳定的行为模式，但它不是固定不变的，它的形成很大程度上取决于身边的社会环境和自身的学习。因此，探讨高职生坚韧性人格的培养，也要从社会、学校、家庭和个人全方面进行。

第三节 积极心理学视域下高职生坚韧性人格的培养

根据坚韧性人格形成的动力机制及实现途径的理论基础，在积极心理学视域下，结合当前高职生坚韧性人格的现状，针对不同类型的高职生提出了各自的培养计划。

一、学业不良高职生坚韧性人格的培养策略

（一）高职生本人

积极心理学认为，个体自身的积极心态以及乐观积极的人格特征，是战胜学业与生活困难、走出逆境的根本保证。因此，学业不良高职生应主动发挥个体内在的积极心理品质在学业不良的预防和转化中的作用，促进自身坚韧性人格的培养。

1. 提高自我效能，善于接纳自我

自我效能是指个体对自己实现特定领域行为目标所需能力的信心或信念。自我效能决定着个体付出努力的程度以及遇到压力或挫折时的坚持性。积极的自我效能产生积极的自我概念，通过提升自信促进个体胜任能力的发展。

自我效能低的高职生在面对困难时，过多地想到个人的不足，并将潜在的

困难人为地扩大。他们更多注意可能的失败和不利的后果，而不是如何有效地运用其能力实现目标。因此，学业不良高职生要正视自己生活和学业中的问题，通过努力逐步提升自己的学业成绩，从而进一步促进自我效能的持续提高。

自我效能会影响个体的自我接纳水平。自我效能低的高职生认为自己没有能力胜任高职院校专业课程的学习，认为自己再努力也不会在强手如林的同伴中脱颖而出，他们太过于看重自己的弱点与不足，而忽视了自己的优势与长处。因此，学业不良高职生除了要正确认识自己、提升自我效能之外，还要悦纳自我，提高自我接纳程度。

2. 增加积极体验，保持情绪稳定

积极体验是指个体满意地面对过去、幸福地感受现在并乐观地希望未来的一种积极心理状态。初期，学业不良的高职生可以从要求自己不缺课、上课认真听讲开始，然后到积极完成作业，一步步实现转变，并在转变过程中学会体验快乐和轻松；多以自身做参照进行纵向比较，积极关注自己的转变和进步，少以他人为参照进行横向比较，保证心情少受外在因素的干扰。

（二）高职院校教师

1. 增加对学业不良高职生的关心、支持和期望

教师不仅是知识的传授者，还应该是学生良好人格的楷模。提高学业不良高职生的心理韧性水平，要求教师要真正尊重、关心学业不良高职生，和他们建立良好和谐的师生关系，并在与他们的交往中时时表现出高水平构建心理韧性的行为。

高职院校教师还应该对学业不良高职生给予合理的期望，来促进他们摆脱学业不良的困境，逐步走向学业成功。教师要着眼于高职生的长处和优点，鼓励学业不良高职生运用自己的积极力量转变自我，从失败走向成功。

2. 培养学业不良高职生积极的压力认知和解释风格

高职院校教师应从积极心理学的角度，帮助高职生对压力、挫折等消极因素做出积极的解释，让高职生从中获得积极的意义。在现实生活中，一些学业不良的高职生会不自觉地运用消极的认知习惯和自我暗示，阻碍了自身的积极转

化。高职院校教师要教育和训练学业不良高职生在学习和生活中学会积极地应对不利情境，以积极心态感知困难和应对困难，这有助于学业不良高职生产生积极的情绪体验和积极的行为反应，培养他们对学习和生活的兴趣。

3. 积极提升自身专业素养，优化课堂教学效果

对高职院校教师来讲，预防和转变学业不良高职生的一个重要举措就是努力提升自己的专业素质。调查发现，90%的被调查者将自己的学业不良归因于教师的教学不当。他们认为有些教师的课堂枯燥无味，根本不能引起他们的学习兴趣。教师注入式、教条式的教学方式太过死板，忽视了学生的主体性和主动性。因此，高职院校教师要真正做到以高职生为本，以高职生已有的优点、兴趣、理想等积极心理品质作为学习的起点，实行启发式教学，加强理论与实践、课内学习与现实生活的结合，扩大高职生的专业知识面和学术视域，不断开发高职生自身的积极潜力，促进高职生内在学习动机的持续提升。

（三）高职院校管理

1. 创建有利于学业不良高职生心理韧性成长的校园文化环境

心理韧性是个体具有的各种积极心理资源的有机组合，能使个体在面对内外压力困境时，积极进行自我修复与调适，最终使个体走出困境，并感到更有力量、更具自信且获得长足的成长和进步。校园文化环境是促进高职生心理韧性健康发展的关键领域。教育管理者要通过制定各种相关的教育管理措施，有针对性、有计划地开展各种宣传教育，如聘请校内外专家开办专题讲座、展示带有核心价值观的宣传栏或标语口号、帮助高职生树立积极的信念、进行内容多样的团体训练、构建民主的环境、宣传榜样事迹等，营造具有高心理韧性的积极校园氛围，使学业不良高职生在潜移默化中提升自己的心理韧性。

2. 实行学业预警制度，加强学业不良高职生的学业管理

高职生虽已步入成年人的行列，但其情绪稳定性、自我控制能力还稍差，学校应加强对高职生的学业管理，如完善听课考勤制度、考试评价制度，实行学业预警制度，根据高职生不同的情况采取不同的干预措施，做到早发现、早预防，防微杜渐。

高职院校采用学业预警制度的步骤如下：给每位高职生建立个人成长档案，对其学习情况、生活情况、违纪情况、心理健康状况及综合素质等建立数据库，管理学生工作的领导联合辅导员、班主任及学生干部，根据不同高职生的情况进行分类管理。当学生在一两个方面出现负面记录时，学生管理部门通知班主任与班干部，及时进行谈话了解情况，有针对性地进行调整与帮助；当学生出现三类或以上负面记录时，学生管理部门应马上与家长进行沟通，让家长来校陪同，与家长协商并采取具体干预措施。

3. 实行弹性学制，扩大学业不良高职生的学习自主权

学业不良高职生大多数对本专业根本不感兴趣，入学报志愿时，由于对专业不了解就遵从了教师或家长的建议。入学后才发现，对所学的专业根本不感兴趣，但专业一旦选定，不能轻易更改，这从某种程度上限制了学生的学习积极性。

高职院校可以实行学分制下的弹性学制，规定转换专业的必要条件，经转往院系考核同意后可允许调换专业。高职生的修业年限可根据实际情况灵活变通，对学习成绩特别突出的高职生，在修满学分完成学业的前提下允许提前毕业，或保送、推荐其攻读更高的学位，这无疑是对其他同学的一种榜样示范。此外，也可实行"宽进严出"的政策，严格限制毕业资格，增强高职生的危机感，帮助一部分高职生改变学习无动力、无目标的状态。

二、贫困高职生坚韧性人格的培养策略

（一）个体关怀

个体关怀要求高职院校辅导员对所负责班级的贫困高职生给予人文关怀，帮助他们正确地面对经济资助、面对人生，避免贫困高职生边缘化。

在个体关怀过程中，高职院校辅导员一方面要关注贫困高职生心理可能存在的问题，另一方面要积极挖掘他们身上的正能量。用欣赏的眼光看待每一位贫困高职生，通过美德的发掘、积极品质的培养等途径帮助他们获得或激发积极的力量，从而抵制和克服现实中的诱惑和困难。

（二）团体活动

团体活动主要是建立在心理健康教育基础上，心理健康教师可以分学院、分年级围绕积极优势、积极情绪、积极关系、积极应对和积极成长五大主题开展团体心理活动实践课程教学。

积极优势团体课可以帮助贫困高职生明确个体优势，促成他们形成积极自我，找到适合自己的最佳学习方式；积极情绪团体课可以帮助他们对曾经、现在和未来进行积极的情绪体验，增强个体主观幸福感，增强他们对未来的信心；积极关系团体课可以帮助他们了解爱与友谊，促进他们了解积极健康的人与人的相处模式，帮助他们学会化解人际冲突、学会感恩和宽恕；积极应对团体课可以帮助贫困高职生更好地学会面对逆境；积极成长团体课可以帮助他们提高决策能力和行动能力，并增强他们的信心。

这些系统的团体心理活动实践课能够有效提高贫困高职生的合作能力、沟通能力、解决问题的能力等，引导他们进行建立自信心和成就感的积极心理体验，从而提升他们心理韧性。

（三）集体教育

集体教育在学校可以以两种形式开展：一是讲座形式，二是实践形式。

讲座形式主要是面对校内所有贫困高职生开展自强自立教育、感恩教育和诚信教育等。实践形式主要是组织他们积极参加社会实践以及青年志愿者活动。

通过组织这些讲座学习和感恩实践活动，可以培养贫困高职生自强自立的品格，培养他们的感恩之心。利用学校的集体效应和学生的从众心理，在讲座教育中增加交流、讨论等互动环节，让贫困高职生在讲座学习中实现更广泛的思想交流，使讲座教育学习的效益最大化。而实践活动的组织为贫困高职生将感恩之心转为实际行动创建了有效平台。

贫困高职生通过参加这些活动可以有效地提高自身的口头表达能力、思辨能力、组织能力以及发展自身的创造性思维。这些能力的提高进而会促进贫困高职生积极品质的形成，从而提升他们的心理韧性。

三、普通高职生坚韧性人格的培养策略

（一）社会方面

1. 正确引导社会风气

社会媒体通常通过网络、电视、报纸、书籍等渠道向社会大众施加舆论影响。随着科技的进步，个体通过网络途径获取信息变得更方便、更自由。高职生作为当今社会的时尚群体之一，与网络结下了不解之缘。因此社会媒体要朝向积极、正面的方向报道，多宣传坚韧性事件，以期对高职生的心理和行为产生影响。

如何正确引导社会风气，具体做法主要有以下几种。

①加强舆论引导。在全社会广泛地开展社会道德文化宣传，形成健康、向上的社会主旋律。

②加强有关宣传部门的舆论监督以及网络技术方面对信息传播的监控，避免负面信息的传播，减少不良信息对社会风气的影响。

③要正确疏导社会舆论，引导高职生拥有一定的正确判断力，有选择性地吸收网络文化。

2. 创设人格平等的社会环境

人格是社会个体立足于社会的资格，人格平等是一切平等的基础。人格平等是精神层面的。现代社会要求公民具有自信、自强、自尊、勇敢、坚韧、独立、平等的特质，这就要求社会风气必需秉承这些精神，体现这些素质。对高职院校来说，具体的做法就是要充分尊重高职生独立的人格和做人的尊严，在坚持以人为本、人格平等的社会大环境下培养高职生的坚韧性人格。

（二）学校方面

学校是学生坚韧性人格培养的主要阵地，高职院校在高职生坚韧性人格培养方面起着重要作用。高职院校有两个教学目标：

一是教授高职生专业方面的知识和各种操作技能；

二是锻炼高职生的综合素质，使其得以全面发展。

高职院校要在教学任务完成的前提下，根据高职生坚韧性人格形成和发展的内在规律，建立健全坚韧性人格培养方案，具体表现为强化理想信念教育以增强高职生坚韧性人格的承诺维度、加强坚韧性人格训练来增强其控制维度、开展户外拓展运动以增强高职生坚韧性人格的韧性和挑战维度。

1. 增强高职生承诺维度

承诺维度高的社会个体能全身心投入生活和工作，能积极探寻生活和工作中的乐趣，而非逃避现实。强化理想信念、养成集体主义的意识能增强高职生的承诺维度。这是因为高职生心中一旦有了崇高的理想，他就会不断地进取、不断地奋斗和不断地拼搏，并且能全身心地投入当下的生活而非计较眼前的得失。具体操作方法如下。

①引导高职院校学生树立正确的人生观和价值观，加深高职生对自己人生和这个世界的正确认识。

②高职院校开展爱国主义教育，在爱国主义教育中提高高职生的思想意识，使其意识到所肩负的重担，从而自觉承担起对社会的责任和历史的使命。这样的教育能让高职生明确自身的权利和义务、个人与集体等方面的社会关系，让他们自觉意识到对社会、集体和家庭需要承担的义务。

③高职院校要教育高职生珍爱自我、敢于竞争，使他们学会在竞争中坚持不懈地达到自己的目标。

④教师用自己的实际情况指导高职生制定出一个能通过自己努力而实现的短期和长期目标，使高职生有一个明确的长期成长目标和方向。

2. 增强高职生控制维度

高职生中常见的心理挫折包括：学习挫折，这里的学习挫折指的是一种学习上偶尔的失败给学生造成的心理障碍；交往挫折，高职生在人际交往中产生的不适、惶恐、害怕等情绪体验；情感挫折，来自爱情方面的挫折，也有来自友情方面的挫折，还有来自困境的心理挫折。

控制是指个体在不利条件下依靠信念采取行动，改变信仰，并在积极事件的指导下，发挥影响力，而不是被动地成为环境下的牺牲品。拥有坚韧性人格的人处事果断、富有主见、能坚持不懈地达成目标。马迪提出了坚韧性与健康的模型，在模型中，坚韧性、社会支持、应对方式和健康生活习惯四方面形成了一个连锁保护系统，这个连锁保护系统能抵御外界压力对个体身心健康的攻击。这个健康维护系统中，各要素是相互联系也是互动的。社会支持不仅能促进个人的积极应对和生活习惯，反过来积极应对和生活习惯也可以巩固社会支持。马迪等人在坚韧性训练研究中将受训组和对照组相比较，发现接受培训的人的工作满意度、社会支持度都增加了，坚韧性的总体水平也相应地提高了，但想要有明显的成效，坚韧性的训练至少还要维持半年以上。

3. 增强高职生人格韧性和挑战维度

高职院校较其他普通大学，更注重在校学生的技能培养和其潜能开发，因此，对高职生进行针对性的户外拓展训练特别重要。高职生素质拓展训练有利于其自身坚韧性人格的培养，顺应高职生成才的需求，也顺应当今社会对高职生提出的要求。

户外拓展训练不同于传统的课堂教学，它是利用人工创设的特殊场景和大自然本身具备的独特条件，模拟生活和工作中具体的场景，使高职生不断地接受挑战，在挑战中解决问题。它的目的是激发拓展训练个体的潜能，增强整个团队的凝聚力，这是现代一种全新的训练方法。

通过户外拓展训练，能让高职生获得多方面的提升。首先，高职生会进一步认识自身潜能，增强自信心，磨炼出战胜困难的毅力，增强面对生活困难和挑战的自信；其次，在行为训练中，高职生能养成良好的生活习惯以及学习习惯，培养合作交流能力，在活动中提高发现问题、分析问题、总结问题的能力；最后，在户外开展活动，很多项目都需要个体独立完成，场地在户外，接近大自然，因此能增强高职生的独立生活能力，还能唤醒其对大自然和生活的热爱。

高职院校应该继续发展和加强体验式教育，如户外拓展训练等，让高职生在户外具体的场景中，亲自参与实践，体验学习和生活中的酸甜苦辣。这样的历练可以使他们在今后的生活中不论遇到什么挫折，都不会轻易放弃，而是顽强地坚持下去执行最初的目标。这样理论与户外拓展相结合的心理健康教育活动才能真正深入培养高职生的坚韧性人格。

（三）家庭方面

1. 培养高职生自立和自理能力

家庭方面，家长要坚持培养高职生独立自主和自立自强的意识，在日常生活中帮助他们形成良好的行为习惯，提高其自理能力。没有自理和自立的能力，高职生会很难适应远离家长的生活。现在高职生多以独生子女为主，缺乏独立自主能力和坚韧性人格，在面对困难的时候就很容易走上歧途。一些家长出于对子女的溺爱，根本不给他们锻炼的机会，时间一长，子女就不会再有自立意识和生活自理能力。强化高职生自立和自理的能力，增强其坚韧性人格的具体做法如下。

①家长应培养子女充满自信，使其相信自己有能力处理好自己的事；

②家长不能安排好子女的一切，鼓励子女去做一切力所能及的事情，锻炼他们的生存能力和独立安排生活的能力。家长可以尽可能让他们自己多做事情，并多独立解决问题，这样高职生自然会形成自我发展的意识和自我保护的习惯，而不是经历失败就变得逃避现实。

2. 优化学生的家庭成长环境

心理学家认为，家庭教育中，家长对子女的教育起着重要的作用，家长应以身作则，学会在困难和挫折的挑战中做出理性的反应并正确处理与子女的关系。如何优化高职生的家庭成长环境，可以从以下三方面来着手：

①家长应掌握科学的人格教育方法来教育子女，在坚韧性人格教育方面成为真正的指导者；

②家长应通过学习来提升自身的素质和修养，进而为子女树立良好的榜样；

③家长可以为子女提供一个民主、和谐的家庭氛围，尊重他们的人格，以促进子女坚韧性人格的发展。

（四）个人方面

高职生的坚韧性人格处于塑造期，但是他们已具备了一定的判断力和反思能力，因此，我们要充分发挥高职生在其坚韧性人格培养过程中的主体作用，使其充分发挥主观能动性。积极心理学视域下，心理学家把增进个体坚韧性体验和培养个体自尊作为培养个体坚韧性人格最主要的途径。

1. 强化学生自身坚韧性的教育

苏联著名教育家苏霍姆林斯基强调真正的教育是激发学生自身去进行自我教育。高职生本身对自己人格的塑造具有重要的调控和定向作用。塑造高职生坚韧性人格主要从两方面着手：一是内因，二是外因。高职生坚韧性人格塑造的内因是自身的自觉性，外因是社会环境。外因是通过内因来起作用的。因此，我们应该学会引导高职生逐渐进行自我意识的完善。因为自我意识有着重要的作用，具体表现在以下两方面：一是自我意识对坚韧性人格的形成和发展具备调节作用；二是自我意识中的自我调控和自我评价制约着高职生坚韧性人格的发展方向。

在高职生的自我意识中，自我认识是坚韧性人格形成的基础，自我设计是前提，自我奋斗是途径，最终达到自我实现的目的。在这个自我教育的过程中，高职生应该真实地表达自己，不断发现新的自我，建立积极的态度和信念，保持坚韧。

2. 通过培养自身价值感和能力感来增强个体的自尊

先让高职生学会重新从整体上认识自己，再分别认识自己的性格特质、价值观等，意识到自己是与众不同的，是独特的，了解自己的优缺点，在接纳并喜欢自己的前提下，进一步优化自己。在此基础上，进一步了解自己的价值观，知道自己在他人心目中的意义，明白自己的价值在哪里，逐步培养自身的价值感。

培养自身的能力感，要觉得自身很棒、觉得自己并不比别人差，有助于高职生在遇到困难时主动尝试解决困难。具有代表性的能力有归因能力、情绪控制能力、社交能力、自律能力。培养自身的归因能力具体做法如下：写下自己生活中的高潮和低谷，并为这些高潮和低谷进行归因，了解自身的归因模式，再确认自己的归因模式是否正确，通过反思和与人讨论、学习，学会一种对事情最合理的归因模式，以这样的方式推进自身的成长和进步。若想提高自身的情绪控制能力，可以写出自己生活中一些不合理的情绪表达方式，在这基础上思考表达真实情绪的正确方式，对自己不合理的情绪表达方式加以改正最终形成固定的生活习

惯。要想提高自身的社交能力就要力争在社会交往中做一个真实的自己，并且让自己在人际交往中不伤害别人，也不被人中伤，同时学会在实际的人际交往中，敢于拒绝。

3. 增强自身的积极情绪体验

积极情绪体验实质上是指个体通过体验后产生积极情绪来有效增强个体的自我效能感和韧性，更好地塑造坚韧性人格。积极情绪专家芭芭拉·弗雷德里克森曾说，体验积极情绪能逐渐使个体建构更多的积极情绪系统，它能打开你的心灵，让你从阴霾走向阳光，从衰落走向欣欣向荣。她认为，通过增加积极的情绪体验可以抵消负面情绪。我们每天都会遇到一些不可预料的事情，一些事可能给我们带来消极的情绪，但只要你体验到的消极情绪比积极情绪少，你的生活就依然是积极的，甚至可以是欣欣向荣的。在长年的积极情绪研究中，芭芭拉·弗雷德里克森得出一个结论：当积极情绪与消极情绪之比达到7：3就可以保证个体积极向上。具体做法如下：第一，高职生要学会处理消极思维，消极思维和消极情绪是相辅相成的，当它们成为主要情绪时，个体就会陷入消极情绪的深渊，想要需要阻止这种消极的恶性循环，就要学会处理消极思维；第二，要学会打破思维的桎梏，当我们陷入不断的反思某个消极事情的僵局中，一次又一次地质疑自己或他人时，不仅不能真正解决问题，反而会让积极情绪一落千丈。

第七章　积极心理学视域下高职生人际关系培养

在已有的研究中有众多学者对高职生人际关系进行了细致研究，研究内容颇为丰富。虽也有学者对高职生人际交往与人格进行相关的研究，但侧重点在问题人格或人格的问题方面，基于积极心理学视域下对高职生人际关系的研究尚未出现。这里从高职生人际关系与积极心理学对人际关系的教育进行阐述，探寻促进高职生人际关系和谐的方法。

第一节 高职生人际关系的特点、类型及问题分析

一、高职生人际关系的主要特点

进入21世纪，经济全球化的迅速发展带来了政治、文化的全球化。随着互联网的普及，人们的生活方式、沟通方式发生了重大改变。受其影响，当代社会的人际交往表现出独立性、选择性、开放性、竞争性、多重性和虚拟性等特点。社会人际交往的新变化在不同的侧面影响着高职生的人际交往，从而使当代高职生的人际关系也出现了新的特点，主要表现为以下几点。

（一）交往选择的自主性

随着社会的发展，高职生的交往观念发生了重大的变化。如果说过去的高职生受时代条件所限，难以自主地选择交往对象和交往方式，那么当代高职生人际关系的最突出特点就是可以自主地进行交往。他们不再满足于几个知心朋友的交往模式，而是开始以自己的方式和标准来选择交往对象，不断拓宽交际面。这种交往的自主性一方面使高职生人际交往机会增多，但另一方面可能会在一定程度上造成高职生人际交往的表面化。这主要是因为高职生心理情绪还不稳定，如在人际交往中频繁变换交往对象，可能会使相互间的了解难以深入，甚至有的高职生还会因朋友的退出和远离而出现各种不良的心态，直接影响其他人际交往的正常进行。

（二）交往认知的理想性

由于在校高职生基本上是从校门进校门，缺乏社会生活经验，思想较为单

纯，常常用理想化的尺度来衡量现实，因而容易将高职院校生活理想化。他们赋予高职院校人际关系以完美的色彩，这使得他们对校园里人际关系的复杂性和多样性缺乏足够的心理准备，不能适应高职院校的人际环境，把正常的人际矛盾视为异常，把由自己能力不足所带来的人际不适归因于人际关系的复杂，从而在心理上产生冲突。不少调查资料显示，与同龄人相比，高职生对人际关系的满意程度最低，其主要原因是他们对交往对象的期望过高，一旦发现对方的某些不足就会产生失望、不满的情绪，进而影响到自身的人际交往态度。

（三）交往对象的开放性

高职生人际交往的开放性主要表现在与异性的交往上。由于社会的发展和多方面相关因素的影响，与以往的高职生相比，当代高职生对与异性交往的认同度更高，交往意识更强，热衷于通过各种方式恋爱或结交异性朋友。他们谈恋爱的比例是非常高的，他们年龄一般在17～21岁之间，正处于青春的萌动期，随着生理发育的成熟以及性意识的萌发，他们在心理上产生了同异性交往的渴望与兴趣，突出表现在对异性产生特殊的好感，对异性给予较多的注意与关心。因此，当代高职生在发展同性朋友的同时开始结交异性朋友，大大扩展了交往的对象。

（四）交往内容的广泛性

以往高职生的交往主要在学校里，交往内容以交流感情、切磋知识为主。当今，随着高职院校学术团体的活跃以及交往方式的发展，高职生进入学校之后，对人生目标有更高的要求，对社会、政治、经济、文化的变革与发展也更为关心。当代高职生的人际价值观正发生着根本的改变，大部分人不再抱有狭隘的交友观念，转而追求建立更加广泛、多样的人际关系。他们积极参加各种社会活动，努力拓展交往范围。他们交往的内容也不再局限于专业学习上，除了寻求友谊、交流学习工作体会外，还常常在一起探讨人生，传递各种信息，相互学习。

（五）交往方式的虚拟性

随着信息技术的高速发展，网络正以迅猛的速度渗透社会各个领域，融入人们的学习、生活、工作中。互联网已经从以往单纯的高科技信息平台逐渐转变为人类进行社会交往的重要工具，它为人们提供了网络交往的基本条件和技术基础，并成为人们进行网络交往活动的虚拟空间。网络对于当代高职生的影响非常大。中国互联网络信息中心于2006年7月发布的调查数据显示，在中国约2650万网民中，18～24岁者占到36.8%；据相关调查表明，高职生的上网率高达84%。在上网的高职生中，大约有76%的学生沉迷于聊天室和利用各类聊天工具与网友聊天。其中，53.6%的人通过网络认识了新朋友，承认没有网友（包括新认识的和以前认识的朋友）的人只占0.7%。由此看出，网络已经成为高职生交友的一个重要渠道，网络交往已经成为人际交往中的重要部分。

二、高职生人际关系的发展过程

在整个人际关系发展过程中，按其发展的进度大致可分为三个阶段。

（一）注意阶段

注意阶段指人与人之间从开始时的无关，发展到单向注意进而到双向注意的阶段。只有当对方的某些特质，如某种需要倾向、兴趣特征等能引起自己情感上的共鸣时，他才会引起我们的注意，从而把对方纳入自己的知觉对象或交往对象的范围。如果交往双方互相注意，说明双方进行了互相选择，从而可以使彼此之间人际关系的发展获得一个明确的定向。

（二）接触阶段

接触阶段指交往双方由注意阶段逐渐转向情感的探索，开始进行接触，如打招呼、聊天、工作上的联系、学习上的互助和生活上的相互照顾等。这一阶段是为了探索彼此的共同情感领域。经过一定的情感探索、情感沟通，双方自我暴露的深度和广度有所增加，但双方仍未进入对方的私密性领域或隐秘敏感区，因此，双方在一起能友好相处，离开对方也无关紧要，彼此没有强烈的吸引力。这个阶段只是普通的人际关系阶段。一旦情感卷入的程度有所加强，交往的频率和深度有了新的发展，人际关系也就进入第三阶段，即融合阶段。

（三）融合阶段

融合阶段指双方由接触而导致情感联系不断加强，心理卷入程度不断扩大，进入稳定交往的阶段。随着交往双方接触频率的增加，彼此间的了解不断加深，情感联系越来越密切，心理距离越来越小，在心理上逐渐有了依恋和融合，这标志着人际关系已经发生了实质性的变化。此时，交往双方的安全感已经确立，对事物的看法、评价逐渐趋于一致，彼此可能会成为知己，所以一旦出现分离、矛盾和不协调，就会引发焦虑、牵挂和烦躁情绪，有"一日不见，如隔三秋"的感觉。

三、高职生人际关系的主要类型

（一）根据交往媒介分类

1. 亲缘人际关系

亲缘人际关系一般指以血缘为纽带而结成的关系，包括与父母、兄弟姐妹及其他亲人之间的关系，主要是以家庭为基础的直接人际关系。这一类型的人际关系伴随着人的一生，是发生频率最高、相互影响最大的一种关系。当代高职生，虽然远离父母，在外求学，但仍保持与父母的密切联系。除此之外，当代高职生的人际关系中深刻地体现着一种"拟亲缘化现象"，即在宿舍中以兄弟姐妹相称，试图以同学间的亲密关系来弥补新环境中与亲人接触的减少，消除高职生因人际关系变换而产生的不安，使其能更快地适应环境。随着宿舍成员之间友谊的进一步加深，可以逐步淡化高职生对亲人、中学伙伴的思念，对高职生情绪稳定起到一定的促进作用。

2. 业缘人际关系

业缘人际关系是指人们由于从事共同或有关联的行业而结成的人际关系。这一类型的人际关系在高职生人际关系中居主导地位。因为高职生的主要任务是学习，其生活的大部分时间是在课堂上度过的，因此师生关系、同学关系是高职生人际关系的中心。当前，学分制的实行一定程度上弱化了班级功能，但总体来说，班级仍然是当代高职生主要的学习、活动单位，班级同学关系还是当代高职生人际关系最重要的部分。并且，随着选修课的增加和社团活动的增多，高职生的业缘交往范围也在逐渐扩大。

3. 网缘人际关系

网缘人际关系是指人们因网络而相识、在网络时空中交往、由网络的相知而维系现实社会联系的一种新型人际关系。不同于血缘、地缘、业缘结成的传统社会关系，它是一种新型社会关系，具有充分尊重个性自由，拓展人际交往空间，增加人际交往频率，为超时空发挥个人潜力提供现实可能的特点。当代高职生是网民群体的主要成员，伴随着网络的不断发展，他们在虚拟的网上建立了广泛的网缘人际关系，并将之作为一种重要的人际关系。

（二）根据交往主体分类

1. 同学关系

同学关系是指在同一学校学习过程中所结成的关系，是高职生人际关系的重要组成部分。同学是高职生人际交往最基本的对象，高职生与同学的交往最普遍也最复杂。同学一般有两种含义：一是指同班同学；二是指同校同学，包括同年级和不同年级、同专业和不同专业的同学。同学之间由于年龄相近，兴趣、爱好相似，又在一个集体中学习和生活，比较容易相处，容易建立起较为稳定的人际关系。

2. 师生关系

师生关系是指教师与学生的关系，它是学校教学过程中最主要的人际关系。教师是高职生人际交往的重要对象，是知识的传授者，是高职生的人生导师和人格模仿对象。应该说，教师与学生之间很容易建立一种"良师益友"的关系。但是，由于高职教育的特点，教师与学生的接触不像中小学那样频繁，课外时间师生交往不多。交往的内容比较狭窄，往往仅限于传授知识。师生之间交流沟通比较少，尤其是缺乏情感的交流，因而"良师益友"关系的普及尚需努力。

3. 朋友关系

朋友关系是指基于共同的兴趣爱好或其他方面的一致性，存在于小群体中，特别是同辈群体中的人际关系。朋友关系常与其他类型人际关系相交叉。当代高职生人际关系中最有特色的部分就是朋友关系，包括室友关系，恋人关系以及网友关系。其中，室友间的交往最密切、最频繁；恋人关系是一种特殊的异性朋友关系；网友关系是高职生通过网络确定和形成的朋友关系，是互联网时代发展产生的新型人际关系。

（三）根据交往频率分类

1. 首属人际关系

首属人际关系是指发生在首属群体中的，由于面对面的互动产生的，交往频率较高、情感依存度较大的一种人际关系。首属群体也称初级群体，是指个人直接生活在其中，与其他成员有充分的直接交往和亲密人际关系的群体，通常是由自然的人际交往而形成，没有严格的群体规范。高职生的首属人际关系包括家庭关系、同学关系、师生关系。由于首属群体常常是一个人受到的社会影响的最直接来源，因而首属人际关系对高职生的社会化起着重要作用。

2. 次属人际关系

次属人际关系是指在次属群体中产生的不具有亲密性的人际关系。次属群体是指关系不十分密切，处于交往的核心圈子以外的群体。人们在次属群体中的社会角色，起着连接个人与社会的桥梁作用。高职生在次属群体中建立的人际关系，常常是个人同社会联系的主要构成部分，包括了首属群体之外的一切与高职生学习、生活、工作有关的人发生的交往频率较低的人际关系，如高职生在参加各项社会实践活动中与社会其他成员所建立的关系。

四、高职生人际关系不良的原因分析

高职生与他人的交往存在一定程度的困扰以及困扰程度较严重的，称为人际关系不良。调查结果表明，人际关系不良的学生人数占被调查人数的31.29%。通过对调查问卷进行统计和分析，以及访谈被调查对象，原因大致可归纳为以下几个方面。

（一）缺乏社交技巧原因

交往既需要相互间的心理相融，也需要交往的技巧和手段。涉世不深的高职生，由于缺乏社交技巧方面的知识，因而在交往中既不能很好地深入体察别

人，也不能很好地充分表现自己，对在交往中发生的人际矛盾往往无所适从，陷入了人际交往的误区，使自己的人际交往不能获得满意的社会效果。

（二）心理闭锁原因

闭锁性是高职生心理特征之一，这一时期他们的内心世界很复杂。调查结果中，有49.14%的高职生内心的秘密很少或不愿与他人诉说，对同学的态度冷淡，与他人交往不那么坦率，对自己亲近的人也会有所保留，有孤独感。一方面，由于自我封闭，不愿与人交流沟通，不轻易向别人吐露真情，因此他们不仅与长辈不易达到心理相通，在同学中也不易找到可以产生心理共鸣的知音。另一方面，由于社会化的要求，他们想与人交往，而自己又不能理解别人，因而内心常常不能平静。

（三）交往障碍原因

一是害羞。这类人在公众场合表现自己时，显得紧张、不安；在与陌生人、上级或师长的交往中拘谨、敏感，影响人际交往的质量。二是自卑。自卑的人只知其短而不知其长，缺乏应有的自信，在人际交往中常常显得被动、不自然。三是自负。自负的人往往过于自信，既看不起他人，也听不进他人的意见。在人际交往中，他们往往盛气凌人，态度傲慢，让人难以理解和接受。四是嫉妒。这类人在交往中往往采取过激言行贬低别人，进而抬高自己，严重地危害着良好人际关系的建立。五是多疑。多疑的人容易主观上乱猜测、乱对号，只凭主观臆想轻率做结论，因而容易误解别人，造成与他人的心理隔阂、矛盾和冲突。六是逆反。这类人由于模糊了是非曲直的界限，很容易造成个人感情失控，与他人感情疏远，关系僵化甚至对立。七是自私。这类人为了自己的私利，往往只结交那些能给自己带来好处的人，与大多数同学不能建立良好的人际关系。

（四）个性品质不良原因

由于个性品质不良，缺乏对别人的吸引力，因此很难与他人正常交往并建立亲密关系。有的高职生在交往中狂妄自大，目中无人，既瞧不起他人，也不愿主动接近他人，与他人缺乏沟通交流。有的高职生对同学缺乏热情，使别人无法从他那里获得关心和温暖，以致彼此感情疏远，也就难以建立起密切的人际关系。有的高职生性格内向，与他人缺乏沟通，使彼此很难产生接近感。有的高职生虚伪、猜疑心强，与人交往不能坦诚相待，也就不能获得他人的信任和尊重。有的高职生私心太重，只关心自己的利益得失，很少考虑他人的内心需求和感受，令人敬而远之。有的高职生性格孤僻，不愿将自己融于集体之中，独来独往，因而很难被他人接受和悦纳。其他诸如言行粗暴、生活放荡、行为古怪等不良的个性品质都会影响良好人际关系的建立。

（五）人际错觉原因

人际错觉是人际交往中形成的对他人不正确的社会知觉，它使人对交往对象的认识和判断出现认知上的偏差，易造成主客体之间的不和谐，直接影响着人与人之间的正常交往。有的高职生忽视第一印象的作用，给对方留下的不良印象影响了以后的交往行为。有的高职生忽视近因效应的作用，在与人交往中言谈举止过于随便，缺乏检点，有意无意地伤害了对方，使已有的人际关系疏远。有的高职生评价别人时，光环效应影响了他对别人的正确看法，进而影响了彼此间的深入交往。有的高职生受定势效应的影响，以偏概全，看不到事物在变化发展，影响了与他人交往的顺利进行。有的高职生受社会刻板印象的消极影响，在对他人不甚了解的情况下，主观下结论，形成了对他人的一种不正确的看法，妨碍了彼此之间的正常交往。

（六）自我认知偏差原因

正确的对己评价是以正确的认知为基础的。高职生在自我认知时，由于受认识因素、社会阅历和自身动机、需要、愿望等其他心理因素的影响，对自己的认识和评价很难做到恰如其分，出现自我认知方面的偏差。有的高职生在人际交往中自高自大，不愿和自认为不如自己的人交往，对别人的所作所为和喜好漠然置之，甚至对人尖酸刻薄，极容易引起别人的反感和不满。有的高职生在人际交往中对自我过分怀疑，担心别人看不起自己，缺乏与人交往的勇气，他们的心理体验常伴随较多的盲目性、自信心丧失、情绪消沉、意志薄弱等现象。

以上几个方面是相互联系的，彼此之间相互交叉，如在个体身上表现出来的自卑和自负特征，既可说是交往障碍，也可说是个性品质不良，很难将它们截

然分开。而且就高职生个体来说，人际关系不良可能是某一个因素起作用的结果，也可能是多个因素综合影响的结果。

五、处理高职生人际关系的原则

（一）平等尊重原则

它是人与人之间建立感情的基础，也是人际交往的一项基本原则。交往中只有以平等的姿态出现，给他人以尊重，才可能形成人与人之间的心理相容，产生愉悦满足的心境，形成和谐的人际关系。

（二）真诚信任原则

主要表现在为人处世言行一致、表里如一，只有这样才能得到他人的信任。

（三）包容理解原则

人际交往中由于交往双方存在成长环境、道德修养、个性特征等差异，会出现认识不一致的情况，或因误会、不理解而产生矛盾，这就要求交往双方遵循包容原则，理解对方，在非原则性问题上不斤斤计较，求同存异。高职生在人际交往中应包容理解他人，这有助于扩大交往空间，并能有效消除人际关系中的紧张情绪和矛盾冲突。

（四）互惠互助原则

互惠互助是一种自觉自愿的相互付出、相互奉献。交往双方应相互关心、相互帮助、相互支持，既要考虑双方的共同价值和共同利益，满足共同的心理需要，又要促进相互间的联系，深化双方感情，强调"相互"。

六、掌握建立良好人际关系的方法

方法之一：加强沟通与交流。良好的同学关系需要互相了解，要达到互相之间彼此了解，就要加强交流，在思想和态度方面加强沟通，课余时间多开展一些文体活动，如打球、下棋、郊游等，增进了解和友谊。

方法之二：学会关心他人。希望得到别人的关心是一个人的基本需要，你越关心别人，你在他生活中就会越来越重要，自然而然他也会转而关心你，一旦彼此之间互相关心，同学关系自然就密切了。

方法之三：学会宽容。"人无完人"，任何人都是有缺点的，也总会做错事的，这些都是正常和不可避免的，对他人的缺点和错误要持一种宽容的态度，不要计较，别人会很感激并愿意与你交流。多元化的社会中，人们相互之间的关系越来越复杂，这必然会引起个体之间冲突的加剧，要与周围的人保持良好的人际关系，就必须学会求同存异，具备宽宏豁达的心理品质，多为别人着想，做到以诚相待。"大度集群朋"，高职生在日常的生活、交往中应注重宽容品质的培养，以求更好地适应生活、适应社会。

方法之四：学会赞美别人。如果在人际交往中，人人都善于赞美他人，善于夸奖他人的长处，那么人际间的愉悦度将大大增强。夸奖别人并不意味着可以毫无顾忌，应遵守两个原则：第一，赞美应出于真心，所夸奖的内容应是对方确实具有或将具有的优良品质和特点；第二，夸奖的内容应被对方所在意。

方法之五：距离产生美。人与人之间应适当保持距离，为彼此的心灵留下一点空间，让彼此感觉到都是自由的，才愿意继续交往下去。

方法之六：不妨带点"土特产"。寒暑假返校时不妨带点土特产给舍友，会收到意想不到的效果。物质的东西是建立良好人际关系的调和剂。

方法之七：学会交谈技巧。要掌握与同学交谈的技巧，在与同学交谈时，要注意倾听他的讲话，并给予适当的反馈。聚神聆听代表着理解和接受，是连接心灵的桥梁。在表达自己思想时，要讲究含蓄、幽默、简洁、生动。含蓄指提意见、指出别人的错误时要注意场合，措辞要平和，以免伤人自尊心，既表现了高雅和修养，还起到了避免分歧、说明观点、不伤关系的作用。幽默是语言的调味品，它可使交谈变得生动有趣。简洁要求在与人谈话时掌握该说的说，不该说的不说。生动是以情动人。

方法之八：学会"七不"。第一，不讹传别人的短处。在同学交往中，误传别人的短处，不管是有意或无意，甚至是以开玩笑的方式，都是损害人际关系亲和力的"离心剂"。第二，不凌辱别人的弱点。从道德的角度讲，一视同仁地对待强大者和弱小者，是做人的基本道德礼仪准则。第三，不刺探别人的隐私。

不好奇，不打听，不刺探别人的个人隐私。每个人都有自己的私密空间，不要擅自介入。第四，不抹杀别人的实力。每个人都有其存在的价值，都有长处，不要动不动就瞧不起别人，自以为是。第五，不恶语伤人。"良言一语三冬暖，恶语一言六月寒"。不利的言辞常会引起他人的反感，从而影响人际关系的和谐。第六，不记恨别人的过错。心胸要宽阔，不记恨别人的过错，要允许别人犯错误，也允许别人改正错误。第七，不无根据地猜疑别人。

方法之九：关键是提高个人修养，增强个人魅力。同学关系紧张的人，大都性格和习惯方面有些毛病，应刻意改变自己的不良性格和习惯，培养良好的行为习惯，注意言谈举止。不断提高个人修养，增加人格魅力，是建立良好人际关系的关键所在。

学会处理人际关系的原则和方法技巧，对于高职生正确处理同学之间的矛盾会起到积极的作用，对于构建文明校园、和谐校园具有重要的意义。

第二节　积极心理学视域下高职生人际关系教育

一、人本主义心理学对人际关系教育的启示

人本心理学努力使自己远离主观主义和无政府主义，致力于帮助个人与他人建立联系，使个体成为能理解他人、给予他人又从他人那里得到帮助的人，这就使得人性和人生历程的广阔领域超出了以自我为中心的狭隘范围。通过人的相互影响，它所打下的基础可以迁移到社会（其实是其他一切人际关系领域）中去，成为一种新的有建设性、有意义的人际关系的基础。但我们保留这样的一个疑问：它的效果能否持久或足够深刻，以产生自我的认识、引导新的行为，以及发现新的方法。

教育中的师生关系是一种特殊的人际关系。就构建师生关系的目的和影响作用而言，师生相互作用的终极目标是提高学生的身心素质，是一种向学生一方倾斜的不平稳关系。师生关系是在承认这个不平稳性的前提下，通过认知情感沟通和行为目标协调而形成的关系。同时，它又是以别无选择必须相互接纳为前提

的师生双方整个精神世界的碰撞和交流，既具有一般人际关系的情感基础，又有一般人际关系无可比拟的崇高目标指向和科学交流方式。

（一）两种师生关系倾向的研究

当前研究中的师生关系，可以概括为两种倾向：科学化和情感化。师生关系的科学化是随着心理学的科学化及其在教育上的应用而前进的。心理学的科学化则以行为主义心理学的产生与发展而前进的。行为主义心理学者认为，心理学只需研究人的行为，而行为是外界刺激的结果，可以通过行为推知刺激物，也可通过刺激物推知行为。将这一理论运用于师生关系上，教师扮演着刺激物的角色，通过刺激与反应的研究，可以探索出教师刺激与学生反应的一些规律来，再把这些规律广泛用于师生间的相互影响。在这里，教师是主体，是权威，学生是客体，是被动物。这就树立了具有权威性的师生关系的典型，而这种典型仍在全世界大多数学校里流行着。但它也确实能使师生关系科学化、客观化、程序化。

师生关系的情感化反对流行的行为主义及所谓的科学主义，反对把人当成动物或被刺激物，反对科学化把人变成无血无肉无情感的冷血动物。其力图确立师生关系中学生的主体地位，强调学生的需要、兴趣、价值和个体全面发展，强调师生之间的和谐的关系，主张采用情感教育。在这种倾向中，人本心理学做出了重大贡献。

（二）师生关系情感化

人本心理学者认为，他们所讨论的与心理治疗和治疗中的相互作用有关的所有问题对教育同样适用，因此他们强调提供有利于人性内部潜能实现的心理气氛，让学生在自我促进中成为自己。罗杰斯说："只有当我创造出这样的自由气氛时，教育才能成为真正名副其实的教育。"那么怎样创造这种自由气氛呢？罗杰斯认为其"关键乃是教师和学生个人关系的某些态度品质"。

①真诚。罗杰斯看来，旧式教学体系中的师生关系是冷淡的，缺乏相互信任和坦诚相待的基础。教师通常是作为拥有高人一等的知识、才能和道德的"传道授业者"而出现，因此，他总试图时时处处给学生以"好的榜样"。实质上，

这样的教师无异于一本会说话的教科书，没有他自己的思想情感。学生努力的目标就是执行在教师看来是"正确的"或"好的"事。在这种相互掩盖内心真实感受的师生关系中，可能较易造成二者相互欺骗。因此，罗杰斯认为教师应尽可能开诚布公地分担学生的情感，并且承认自己的局限性。只有这样，才能促使师生获得积极的自我概念，以及对他人的理解。

可是，要做到师生间以诚相待不是件容易的事。确实，将一个人的希望和忧虑、欢乐、不幸、对未来的设想和对过去的回忆告诉给别人是消除孤独的一种方法。但是，这是不多见的，最常见的则是对自我表露的恐惧，把自我表露限制在"安全"或表面应酬的话题上。这种自我表露的障碍主要有两方面原因：一是社会规范制定出了教师或学生应该怎样的模型，以致令人不敢正视实际是怎样；二是依赖性，特别是严重依赖教师的学生完全避免表露自我，因为害怕别人不再支持自己。

②尊重，也称其为"接受"或"认可"。马斯洛认为，心理健康的人有一种接受能力，即使对与他格格不入的人也能够接受。尊重和珍视他人意味着一个人看到了他人无价的和不可替代的独特品质。罗杰斯认为，教师应充分尊重学生，认可每个学生都是作为具有其自身价值的一个独立个体。在教学过程中，教师要善于倾听学生的意见，重视学生的情感，欣赏并赞扬学生的优点，同时宽容其缺点，维护学生的尊严与爱好，相信学生能自己做出选择和决定。

教师这种尊重的态度是基于对人的信任，相信任何人都有一颗向上、向善的心。而目前学校中存在的一些情况，如教师严格管理学生，频繁使用批评或斥责甚至打骂的教育方法，无视学生的个别差异和尊严。罗杰斯认为，这都是因为教师不信任学生。

③理解。罗杰斯认为，理解分两种：评价性理解和移情性理解。前者总是采取"我理解你错在何处"这样一种表达方式；而移情性理解是一种从对方的角度去理解其思想、情感及对客观世界的态度，它不对对方做定性评价，而只表示同情、理解和尊重。

这种理解，特别是教师对学生的移情性理解，能够成为促进学生学习的一种理性的、深层的、自发的、经验的因素，而且可以消除师生间的心理距离感，使学生渐渐对自己有信心，从而能愉悦地、积极地学习。罗杰斯认为，尽管学生的思想观点有时是肤浅的、不成熟的，但这对他们自己而言是足够的。比起教育中存在的种种评价性理解，罗杰斯认为移情性理解更为有效。

教师应关心学生的幸福和发展，但绝不意味着教师可借此目的用外在的力量改变学生，因为引起学生改变的最有效和最健康的方式是使他自己去改变，这同样是人本心理学者普遍同意的一个观点。尽管由威胁、操纵和制裁所引起的改变在短期内是有效的，但这种效果是以对支配这种关系的人的怨恨和敌意为代价的，而且学生会在这种人际情境中压抑真实的自我，学会做一个"他向"的人。

二、高职生的人际关系教育

（一）高职生人际关系的系统性与教师责任

高职生的师生关系、亲子关系和同伴关系两两之间存在高度相关，揭示了人际关系的系统性和迁延性。在一个人的孩童时期，家长的教养方式及亲子关系模式影响着他（她）对周围人的认知、态度和行为反应是信任、亲和、友善还是猜疑、冷漠、拒斥。进入学龄期之后，这样的认知、态度和行为反应模式会在同学和教师那里得到反馈，或者受到强化，或者被修正。其结果又反过来影响他（她）与家长交往的模式和互动。

不仅人际关系是一个整体或系统，实际上，个体心理各方面的特点也都是相互联系着的，对某一方面改变可能引起系统的改变，如性格的改变、能力的提高、人际关系的改善都可能促进个体心理的整体成长。对高职生而言，师生关系、亲子关系和同伴关系三者之中任何一方面的改变都可能带动其他方面的改变。学校教师尤其是心理健康教育教师对此应该起到主导或引领的作用。如果教师不是从内心真正喜爱学生，上课敷衍了事，与学生缺乏真诚的交流与互动，甚至在学生面前通过语言或体态表情等表现出对他们的轻视或不尊重，就会导致学生的敌对、愤怒和焦虑情绪，而这些消极情绪和反应模式很可能向同伴关系和亲子关系传导，并最终泛化成为这个学生对待他人的基本态度和方式。

教师不仅对师生关系负有责任，还应该承担起对家长进行教育和辅导的责任。高职生的家长大多迫于经济压力，需要花大量的时间谋生，导致对孩子的心

理需求和问题关心不够。教师可以通过家长会、约访、电话访谈以及网络平台等方式与学生家长沟通，指导家长更多地理解孩子、尊重孩子，满足孩子的合理需要。在一些家庭中，家长比较专制，与孩子缺乏情感上的交流，只关心孩子的成绩或有没有犯错误，造成亲子关系的淡漠甚至冲突。教师要适时地搭起亲子沟通的桥梁，创造亲子沟通的情境，使他们在沟通中缓和矛盾，解决问题。

（二）关注高职男生的人际冲突问题

从高职生人际关系的特点来看，师生关系和亲子关系都存在男女性别的差异，男生在负性的人际关系维度上得分普遍高于女生，提示我们对高职男生的人际关系问题应格外关注。首先，男生在师生关系的冲突性维度得分较高，要求教师在与男生的交往过程中，要像对待女生一样，考虑处在这个年龄阶段的人对外界评价的敏感性，切忌一味地批评指责，相反要着眼于他们身上的闪光点，引导男生放大自己的优点，培养他们内心的自信、爱心、责任感、自我管理能力以及抗挫折能力；不应过于强调对教师的尊重，而应该从他们的角度考虑问题，真正尊重并关爱他们，从而减少冲突的发生。其次，在亲子关系中，家长一方面应合理调整对孩子的期望值，抛弃简单粗暴的教育方式，耐心地对待孩子，陪伴他们成长；另一方面要拒绝做"保姆家长"或"陪读家长"，改变凡事亲力亲为、越俎代庖的教育方式，尤其是对于独生子女的家长而言，其保姆式的养育方式容易对孩子独立人格的发展造成严重阻碍，这也是发生亲子冲突的常见原因。

（三）促进高职生人际关系的亲密和融洽

高职生的师生关系亲密度低；亲子关系中家长对高职生的过分干涉与过度保护、严厉与惩罚、拒绝或否认维度得分都比本科生高；同伴关系中情感卷入度低，这些都反映出高职生的人际关系总体上不够亲密和融洽。人际关系的疏远其实是一个时代问题，与现代社会人与人之间的高度竞争及西方个体主义文化的渗透有关。现在的孩子从一出生开始，就"不能输在起跑线上"，然后上幼儿园、小学、中学、大学，一直到走上工作岗位，周围的每一个同学、同事明里暗里都是自己竞争的对手。哪怕是很好的朋友，也很少能够真诚地欣赏对方的成功，因为别人的成功意味着自己的失败，意味着伤自尊，至少说明自己不像对方那样成功。所以，人际关系的疏远、冷漠和不信任并不是高职生人际关系特有的现象，而是一种社会现象、文化现象。但是，这不意味着我们可以安于现状，无所作为。在这个问题上，积极心理学和社会建构论为我们提供了很好的理论和实践指导，引导高职生从合作的角度而不是纯粹从竞争的角度看待自己和他人的关系。人类呼吸着同样的空气，一枯俱枯，一荣俱荣。中东发生战争，欧洲便出现了难民潮危机；石油价格、道琼斯指数影响着全世界的经济，所以，我们应该更多地看到人与人之间的合作和共生关系。这就需要我们的教育无论是家庭教育还是学校教育都应充分尊重和欣赏每个孩子的个性，以多元价值取代唯分数是从的评价标准。人只有自信，才有心胸欣赏别人；只有自尊，才能从内心真正尊重别人；只有懂得欣赏和尊重别人，才会有亲密融洽的人际关系。

第八章 积极心理学视域下高职生
职业素质培养

选择一种职业就是选择一种生活，选择一种行业就是选择一种未来，高职生在进行职业选择前，必须具备良好的职业素质。本章主要围绕积极心理学视域下高职生职业性格、职业兴趣、职业动机、职业态度和职业道德五大方面的培养展开相应的探究，并寻找最佳培养途径。

第一节　高职生职业性格培养

一、职业性格

（一）职业性格的界定

职业性格是指人们在长期特定的职业生活中所形成的与职业相联系的、稳定的心理特征。例如，有的人对待工作总是一丝不苟，踏实认真；在待人处事中总是表现出高度的原则性、果断、活泼、负责；在对待自己的态度上总是表现为谦虚、自信，严于律己等，所有这些特征的总和就是他的职业性格。

（二）影响职业性格的因素

人的性格的形成受后天生活、学习和工作环境的影响较大，职业性格的形成更是如此。在职业实践中，除了要求个人具有一定的性格特征外，职业活动也会使人巩固或改变个人原有的性格特征，并形成许多适应职业要求的新的职业性格。例如，有一位女同学，在上学时是班里"东方女性"的代表，文静、内秀、少言寡语。毕业后，她进了一家外贸公司工作，五年后同学们聚会，大家惊异地发现，她的性格与以前相比变化很大，如今的她干练、精明、能言善辩，原来，长期的外贸工作磨炼了她，使她逐渐改变了原有的性格，形成了适应职业需要的性格。

1. 职业环境因素

职业性格受其所处的职业环境的影响。每一种职业性格都反映了从业者对职业的态度，从业者对职业的态度与其职业关系密切相关。职业关系是指从业者在其所处的职业环境中与其他人结成的种种关系，最主要的是经济关系和业务关系。在工作的过程中，人们逐步形成了对工作单位、部门、同事、工作以及对其他事物的态度。职业群体内部的状况、社会地位、领导作风、教育方法、员工的关系，以及单位的规章制度、传统、风尚、职业群体的发展水平等，都会影响人们的职业态度和相应的职业行为，从而影响从业者职业个性的形成和发展。

一般来说，外向型性格类型的人，更适合从事能发挥自己积极行动能力的，并与外界有着广泛接触的职业，如管理人员、律师、政治家、推销员、记者、教师等。内向型性格类型的人，比较适合从事有计划的、稳定的、不需要与人过多交往的职业，如科学家、技术人员、会计师、文字工作者、电脑工作人员等。由于性格的形成受后天环境影响较大，它并不是一成不变的，客观环境的变化和个人的主观调节都会使职业性格发生改变，所以职业性格与职业的适应也并非绝对。

2. 职业活动因素

职业环境对人们职业性格的影响是通过职业活动来实现的，也就是说，对职业性格的形成起决定作用的不是职业环境本身，而是人与职业环境的相互作用。有研究证明，人们职业性格形成的速度和质量直接取决于个人的职业积极性和多方面的职业活动。在职业性格形成中起主要作用的活动种类随着年龄的不同而不断改变。

由于职业活动对人们职业性格的形成具有决定性作用，所以处在相似社会条件下的人，如果从事同一类型的职业活动，就可能表现出相似的职业性格。

职业活动也会使个体巩固或改变原有的性格特征，并形成许多适应职业要求的新的性格特征，这些新的性格特征甚至能掩盖原先不适应职业要求的气质。例如，某从事外科手术工作的医生原来具有易冲动、不擅自控的胆汁质特征，通过职业训练和实践，养成了冷静沉着的性格特征，就有可能掩盖原来的性格特征。

二、高职生职业性格的培养策略

（一）培养目标

1. 强调知、情、行统一

职业性格培养要求高职生不仅能灵活运用语言，具备创造性思维和想象力，树立正确的人生观，还要具有高尚的情操，能用正确的社会行为规范价值标准来控制自己的行为，即追求知、情、行的统一，避免知、情、行相互冲突的多重性格。

2. 着眼教育，引导发展

职业性格的培养把知识获得、智力发展、技能形成视作性格培养的组成部分。人类已有的文明成果如语言、艺术、道德、哲学等所展示的人性具有十分丰富的内容，由它们所构成的有机整体真正展现了人格的深度和广度，这些文明成果是性格培养中认知教育的源泉。

3. 关注自我，重视人本

职业性格培养侧重于培养高职生的自我调节与控制能力，认为必须把促进高职生道德品质发展放在首位，坚持启发诱导，让高职生独立思考、自主判断，从而引发学生明理、觉悟和警醒，由此使高职生逐渐形成健全的个性和独立的人格。

4. 理论指导，行动调节

重视非智力因素培养。道德是调整人与人之间以及个人和社会之间关系的行为规范的总称。它是一种内在的心理倾向，往往支配着一个人的外显行为，通常以社会舆论或社会规范为评价标准。品德是指个人依据一定的道德行为准则行动时所表现出来的某种稳定特征，它是个性最具有道德评价意义的部分，是从道德观点对个体性格所做的描述。

（二）具体培养策略

一个人应当具有社会责任感和义务感，关心社会、热心服务、诚实守信、团结协作、公平正义、认真勤奋、坚毅自信，这是商品经济社会要求每一个从业人员必须具备的基本的性格特征。

1. 培养创新意识与精神

创新意识是人的一种勇于并善于发现问题，同时积极探索寻找解决问题的方法，以求不断改变环境和不断改变自己的心理取向。它既是良好智能品质之一，又是一种重要的人格特征和精神状态。一个人之所以能有别于他人并具有独特的价值，最重要的就在于个体的独立性和创造性。

学习有利于成才，是成才的阶梯。知识经济时代科学技术的飞速发展，要求每一个劳动者及时更新知识和技能，勇于打破传统的桎梏，勇于突破和改革已有的模式，成为职业岗位的改革者与创造者。学校是个综合课堂，特别是高职院校能学到的不仅是理论知识，还有基本的实践技能，而学生成才是以知识、能力及素质为共同体的有机统一，因此更应重视对高职生创新意识的培养。

2. 培养适应与抗挫能力

学校教育是基础教育、通才教育。走上工作岗位以后，有些知识用不上，有些知识不够用，有的要从头学起。这就要求刚走上社会的毕业生，根据工作的需要去调整自己的知识结构、能力结构以及行为方式，尽快地培养自己适应社会的应变能力。合格的适应者需要做到以下几点。

（1）适应性强

适应的基本问题是心理适应，心理适应的前提是对自我与环境的认知。合格的适应者需能够敏锐地察觉到自身的需要和外部环境出现的新变化，并充分预料到可能获得的成功和将要承担的风险，从而主动积极地做好充分准备。对自我和环境的正确认知，是优秀人才抓住发展机遇，获得事业成功的基本条件。

（2）积极应对

积极应对要着眼于问题的解决取向，当个体面临挫折、冲突时，善于从失败中吸取教训，能冷静分析问题更好地认识它，努力寻找克服困难的办法；同时主动运用心理调节机制，摆脱由于环境不适应带来的孤独、失望、烦恼、恐惧和空虚。

（3）自觉反思

无论是适应现有环境还是新环境，都要对自己的思维和行为不断进行反

思。只有不断反思，才能恰如其分地看待自己的长处、价值，坦然承认自己的短处和缺陷，并能扬长避短或扬长补短，使自己保持健康积极的自我适应状态。反思贵在自觉，不断地自觉反思是优秀人才在成长、发展过程中不迷路、少走弯路和避免走歧路的重要保证。反思也体现了人的自主意识、健康心理和耐挫能力。

3. 培养自信，完善自我

天生我材必有用，教师应该始终将增强高职生的自信心作为自己教育工作的首项任务。自信是一种反映个体对自己是否有能力完成某项活动的信任程度的心理特征，是个体实现预期目的的重要保证。在创造活动中，自信是个体克服失败获得成功的内在动因，又是应对措施与价值取向的内在依据。要培养自信心，要经常进行自我评价。

（1）自我评价要坚持的原则

①适度性。自我评价应该适度。过高的评价往往使自己脱离实际，意识不到自己的条件限制；过低的自我评价，又会忽视自己的长处，缺乏自信。

②全面性。既要看到自己的优点和长处，又要看到自己的缺点和不足。

③客观性。要以客观事实为依据，使自我评价符合事实。

④发展性。应当着眼于未来的发展，预见到自己未来的潜力和前景。

（2）树立自我完善意识

高职生应根据自己的性格特征，选择自己的职业，明确自己喜欢什么，热爱什么。因为只有自己喜欢做的事情，才能做到全身心地投入，不会的可以学会，不懂的可以弄懂，只要持之以恒，没有做不好的事情。但是，切忌好高骛远，不切实际。高职生应充分客观地分析自身的条件，选择真正适合自己发展的道路，要为自己从事理想的职业和岗位充足电。

4. 培养人际交往能力

人际交往能力是指以社会认可的方式妥善处理人际间的关系，与他人和谐共处共同发展的能力。在生活及工作中，高职生需要与许多人交往，难免会产生矛盾，要以中华民族善良诚实的传统美德来善待他人，将心比心，以诚相待。学会尊重他人，也会得到他人的尊重。只有善于处理好人际关系，才能在工作中充分施展自己的才能。

5. 培养创业与敬业精神

人的一生是个艰苦奋斗的过程。高职生必须有面向基层、艰苦创业的思想准备。基层工作可能比较艰苦，工作和生活的条件及环境相对较差，但由于基层缺乏人才，急需毕业生去开拓、去创业，因而高职生在基层大有用武之地。宝剑锋从磨砺出，梅花香自苦寒来。只要真正深入基层，扎扎实实地工作，肯定会大有收获。

敬业精神是一个人对其所从事职业的投入与热爱，包括工作态度、工作作风、工作方法等。其中，对社会负责、对人民负责、保证工作质量、对技术精益求精、能公平竞争是非常重要的内容。目前，用人单位除了非常重视能力外，已越来越看重一个人的敬业精神。如果没有良好的敬业精神，即使有较高的才华，也会落选乃至被淘汰。

第二节 高职生职业兴趣培养

一、职业兴趣

（一）职业兴趣的界定

职业兴趣是一个人探究某种职业或者从事某种职业活动所表现出来的特殊个性倾向，它使个人对某种职业给予优先的注意，并具有向往的情感。当人们感兴趣的对象指向某一职业时，就形成了职业兴趣。

（二）职业兴趣的作用

1. 影响职业选择

职业兴趣影响人们的职业选择。人们在选择职业的过程中，会考虑自己对某种工作是否感兴趣，将兴趣作为职业选择的参考之一。一般来说，兴趣一旦形成，就能使人坚定地追求某种职业，并为之献身。

在现实生活中，人们固然可以凭自己的兴趣寻找自己喜欢的职业，但也可

能由于自己的兴趣有限或受种种主客观因素的影响，以至于所选的职业未能如愿。如果遇到这种情况，也可以通过多种途径和方法，努力去发展和培养对所选专业的兴趣，形成做好本职工作的内在动力。

2. 影响才能发挥

职业兴趣是引起和维持注意力的内部因素。当人们对某一工作有兴趣时，枯燥的工作也会变得丰富多彩、乐趣无穷。兴趣使认识过程和活动过程不再是一种负担，而是一种享受；兴趣可以调动人的全部精力，使人以敏锐的观察力、高度集中的注意力、深刻的思维和丰富的想象投入工作，从而有助于工作效率的提高和个人能力的发挥。

3. 影响事业成功

职业兴趣对未来的职业劳动起奠基作用，对正在进行的职业劳动起推动作用，对创造性劳动态度的形成起促进作用。古今中外，许多著名的科学家、文学家、艺术家等都是在强烈的兴趣驱动下取得成功的。兴趣是成功的重要推动力，它能将人的潜能最大限度地调动起来，使其专注于某一方向，做出艰苦的努力，取得显著的成绩。

二、高职生职业兴趣的培养策略

职业准备阶段是职业适应初期阶段，在这一阶段中喜欢自己所学专业且专业适应能力强的学生，能够较快地进入专业角色，并通过专业兴趣的获得逐渐形成较为成熟的职业兴趣。相反，如果高职生不全面深入地了解所学专业对应的职业群，不注意培养职业兴趣，不仅难以珍惜在校生活，也不会在将来的职业生涯中顺利发展。

那么，如何培养高职生的职业兴趣呢？以下主要从培养方式和具体培养策略两方面进行研究。

（一）培养方式

1. 主动参与职业实践活动

职业兴趣只有在真正的社会实践活动中才会形成和巩固，其关键在于亲自参与，从活动中获得亲身体验。针对一些高职生没有认识到专业知识的学习与未来职业需求的关系的情况，就需要到与所学专业相关的企事业单位参观，到相关行业或企业与职工交流，了解所学专业的重要作用和岗位技能要求，帮助自己对即将从事的职业产生兴趣和热爱。

2. 注意培养间接兴趣

所谓间接兴趣指由活动的目的、结果引起的兴趣。例如，学习计算机文字输入方法很枯燥，但是，想到将来从事任何职业都需要具备计算机操作技能，就会产生间接兴趣，从而努力克服学习中的困难。

3. 客观评价和确定职业兴趣

高职生要客观地评价和确定自己的职业兴趣，既要考虑到自己想干什么，更要考虑到与他人相比较自己的能力更适合干什么。如果目前所学的专业是经过慎重选择和努力而获得的，就要珍惜它，通过努力学习，增强自己的职业能力，使自己在毕业时具有较强的竞争能力。当然，人们并不主张人的职业方向终身不变。今后，随着科学技术的发展，一些职业还会消失，也会兴起另一些职业，市场也为人才交流提供了机会。所以，高职生对待职业选择要有客观的态度，安心学好现有的专业，以适应社会经济发展的要求。

（二）具体培养策略

1. 培养广泛的兴趣爱好

具有广泛兴趣的人不仅对自己职业领域中的事物有浓厚的兴趣，还对其他方面的事物存在一定的兴趣。这种人眼界比较开阔，解决问题时能够从多方面得到启发，在职业选择和变动上也有较大的余地，所受到的限制较少，在职业变动时能够较快地适应新的职业。因此，高职生要注重培养广泛的兴趣爱好。

2. 形成中心职业兴趣

人的兴趣应该广泛，但不能浮泛，还应有一定的集中爱好，既广且精，才能学有所长，获得专门的职业知识。如果只有广泛性而无中心职业兴趣，人的知识就会肤浅，就没有确定的职业方向，心猿意马，自然难以成功。所以，高职生要培养某一方面的中心兴趣，促使自己发展和成才。

3. 保持稳定的职业兴趣

高职生应该在某一方面具有持久和稳定的职业兴趣，而不能朝三暮四、见异思迁。培养和形成稳定的职业兴趣，能够使高职生以高昂的热情和饱满的精力投入职业工作之中，使他们关注于自己的本职，深入钻研，极大地发挥自己的潜能，并使自己得到发展、获得成功。

4. 培养切实的职业兴趣

在现实生活中，人们经常把"人贵有自知之明"这句古训挂在嘴边，以提醒人们全面地了解自己，摆正自己在学习和生活中的位置。在培养职业兴趣的过程中，高职生也应该有自知之明，对自己的认识和评价一定要客观，既要考虑社会环境的因素，也要切合自己的实际，这样才能知己知彼，量力而为。切不可追求时髦或自视清高，忽视外界所能提供的客观现实条件。

第三节 高职生职业动机培养

一、职业动机

（一）职业动机的界定

职业动机是职业观中的动力成分，指的是直接引起、推动并维持人的职业活动，以实现一定职业目标的内部动力。其本质是它的能动作用，在职业选择定向中起指导作用，在职业活动中起发起、维持、推动作用，能强化人们在职业活动中的积极性、创造性。

职业动机是个体在择业环境中产生的。任何导致个体选择某一职业的内外原因都属于职业动机的研究范畴，其情景性、灵活性越强，也越能有效地反映当前从业者的职业心理和就业环境。

（二）职业动机的差异

1. 年龄差异

从整体上看，职业动机是有年龄差异的。职业外部动机年龄差异极其显著，但职业内部动机年龄差异不显著。职业外部动机随年龄增长而逐步增强，特别是对人脉关系的感知和职业声望的重视，随年龄增长差异越来越显著，这表明人们在重视职业社会地位和声望的同时，也开始重视一些影响就业的社会现实因素。不同时代的人因为社会文化的差异而有不同的需要，造成需要的年龄差异和职业动机差异。另外，年轻人可能更喜欢追求风险和刺激，而年纪大的人对安全的需要较为强烈。

2. 性别差异

从整体上看，职业内部动机性别差异显著，但职业外部动机性别差异不显著。据有关调查表明，男女就业时都表现出较强的职业动机，特别在"贡献利他""安全稳定"和"薪酬福利"方面，性别差异显著。一般女性比男性表现出更强烈的服务他人、贡献社会的奉献性职业动机心理，更青睐有保障的工作，更害怕失业，同时更重视职业所提供的工资和福利。

3. 专业差异

不同专业的学生职业动机差异显著，其中艺术专业学生在职业动机上显著高于其他专业学生，理工科专业学生的职业动机最低，且文理科间差异不显著。理工科学生大多是男生，属于专业技术型人才且社会需求量大，因而在就业时不太重视工作稳定性以及人脉关系的制约。从专业背景和实践两方面来看，艺术专业学生都呈现出最强的职业心理特点。另外，医科一般学制较长，学业压力相对较大，因此医科专业学生就业方向明确，并且都希望能找到规模大、层次高的医疗机构工作。

二、高职生职业动机的培养策略

（一）培养目标

在职业动机的引导方面，世界观、人生观和价值观教育是不容忽视的首要内容。在21世纪，改革的整体推进为人的价值追求提供了众多的方向。在价值多元的现实社会中，积极的人生价值取向应是对自我价值和社会价值的整合。

1. 正确的世界观

世界观是一个人职业人格结构中的最高层次，是人对整个世界的根本看法和态度，它一旦形成，就成为个人行为举止的最高调节器，会影响人的整个面貌，特别会影响人的行为举止、习惯和意向。因此，培养高职生正确的世界观对其职业动机的培养具有重要意义。

2. 正确的人生观

人生观是人们对人生目的和意义的根本看法和态度，是世界观在人生问题上的具体表现，它决定着人生的追求和生命的价值。当人生观表现为人对具体职业的看法和态度时，人的职业观就形成了。只有培养高职生正确的人生观，才能正确引导高职生职业动机的形成。

3. 正确的价值观

价值观是人们对客观事物按其自身意义或重要性进行评价与取舍的立场、观点和态度的总和。在社会职业活动中，人们总是尽可能地依据自己的价值观去工作和生活，因而价值观对职业人格的形成和发展有着深层的导向作用，是形成人的人生观、道德观和政治观的基础和核心所在。

崇高的职业信念和职业理想归根结底来自科学的世界观和正确的人生观、价值观，并以社会为主导。拥有正确的世界观、人生观和价值观的人会随时根据社会需要调整自己的理想和职业，关心社会进步和人类生存，勇于为他人的幸福和社会的进步去奉献、牺牲，不断塑造和健全自己的职业人格，努力实现人生的理想和追求。

4. 正确的职业观

职业观对职业性格的形成具有决定性作用。如果一个人对某个职业有所向往和追求，他就会主动了解这个职业对从业者性格以及其他方面的要求，并且努力控制自己，自觉地调适自己的性格，使其与职业要求相一致。每个人都有自己的性格特征，其中有些与职业要求相符，有些可能与职业要求不一致，这是十分正常的现象。能适应职业所要求的职业性格的人，谋求职业岗位的机会和成功的机会就多；恪守自己原有性格且不适应职业要求的人，则难以在此职业岗位上生存，更难得到发展。

高职生只有树立正确的职业观，才会有足够的动力去自觉地发扬、巩固那些与职业要求相符的性格特征，同时自觉地调适、完善那些与职业要求不一致的性格特征，最终使自己的职业性格特征与职业要求达到高度的一致。

（二）具体培养策略

1. 了解心理特征，发挥职业特长

当代高职生的突出心理特征是自我意识强，张扬个性且好胜心强，重视自身能力。对于高职生来说，在求学过程中需要教育者满足其追求自身价值和潜能发展的需要。对在校高职生进行职业教育，要求教育者具有尊重、规划和发展的职业眼光，以指导高职生形成正确的就业观念。针对影响高职生职业动机的因素提出以下教育对策。

（1）培养高职生学业规划能力

丰富的知识储备和扎实的专业技能是高职生增强自身就业竞争力的必要准备。对于高职生来说最重要的学业能力是学业规划能力。特别是在高年级，如果高职生在具有科学学习方法的同时具备较强的学业规划能力，这不仅有助于高职生从容面对学业压力，更有利于高职生更早地对自身职业出路加以考虑和规划。

（2）做好高职生专业知识技能教育，培养职场所需从业能力

高职生专业教育不仅仅局限于对高职生专业知识技能的培养，更重要的是培养其真正契合社会和该行业实际用人需要的从业能力。对高职生的专业教育应先从全面了解本专业开始。要对高职生进行系统、深入的专业认知教育，使他们对所学专业所包含的基本知识技能体系有全面的认知。高年级高职生应在职业指导教师指导下参与和专业相关的社会实践，磨炼从业技能，主动适应该行业对从业人员的专业及其他方面的要求，较好地整合专业技能和从业技能。

（3）做好高职生就业心理健康教育，培养高职生挫折承受能力

在当下全球经济危机背景下，由就业导致的高职生心理问题频繁出现。高

职院校职业指导教师除了培养高职生的应聘技巧与策略外，更重要的是针对男女生职业心理差异进行有效的就业心理健康教育，提高他们的抗挫折能力。当代女学生具有较高的职业动机，而现实求职过程中受到诸多限制使她们遭遇更多挫折。在这一阶段，高职生要根据实际就业情况调整自身职业心态，提高灵活性。同时，职业指导教师要给予一定心理疏导，帮助高职生提高自身耐挫力，以乐观、积极、主动、现实的心态面对每一个工作机会。

2. 认清就业形势，打开职业视域

在全球经济危机背景下，中国走到了转型的瓶颈期，经济和产业结构亟待调整，不仅高职生就业难，全社会都存在就业难的问题。高职院校职业指导教师在当前就业形势下，首要任务就是引导高职生正确认识当前的就业形势，从激发职业内部动机的角度保持高职生的自信心，促使高职生更多从职业本身的角度考虑就业问题。

很多人对现在的工作不满意，因为他只是将它看成了一个工作，并没有强烈的动机，不觉得它是自己的一份事业，不知道自己要什么。因此，职业规划是否能达到职业要求，动机很重要。一个人只有强烈地想要得到某种东西的时候，他才会奋发图强，昼夜不息。

3. 学习身边榜样，提高自身素养

在动机培养方面，有两类榜样可以借鉴：一类是从事所学专业对应职业群的成功者，要了解他们具有哪些与职业要求相符的职业动机特点；另一类是原有性格与现在从事职业不相符的成功者，要了解他们调适和完善自己性格的动力所在，以及调适的方法和措施。有了这两类榜样，高职生的学习就既有目标又有方法了。这些榜样就在身边，如父母、亲友、早期毕业的杰出校友等。

职业动机培养要求高职生根据所学专业对应的职业群对从业者的要求，制定措施，严格要求自己，并要有一定的毅力逐步提高自身素养。

4. 参与实践活动，调适职业动机

职业动机的形成离不开积极的职业实践活动。高职院校的学生应该在专业课的学习中、在社会实践以及校园活动中，抓住一切可以利用的机会，主动参与

相关职业的实践锻炼活动，从而了解所学专业，了解所学专业相关职业群对从业者职业动机的要求，不断调适和完善自己的职业动机，提高对所学专业的适应能力，为将来走向工作岗位做好充分的准备。

第四节 高职生职业态度培养

一、职业态度

（一）职业态度的界定

职业态度就是个人对某种特定职业的评价和比较持久的肯定或否定的心理反应倾向，主要是指从业人员对自己所从事职业的看法以及所表现的行为举止。职业态度包括选择方法、工作取向、独立决策能力与选择过程中表现出的观念。简言之，职业态度就是指个人对职业选择所持的观念和态度。就其本质而言，职业态度就是劳动态度，它是从业人员对社会、对其他社会成员履行职业义务的基础，具有经济学和伦理学的双重意义。

职业态度除一般意义上的态度外，还包括职业精神、敬业精神、创新精神、职业信念、职业道德等。因此，从某种意义上说，从业者走向社会能否就业、乐业、创业以及事业有成，很大程度上取决于是否具有正确的职业态度。

（二）职业态度的特性

1. 社会性

职业态度并非生而有之，是人在成长过程中，通过社会环境的不断影响，通过与他人的相互作用而逐渐形成的。态度形成后，其又反过来对外界事物、对他人发生反应，并且在这种反应过程中，又不断地在修正，这样不断地循环，才形成并逐步巩固成一套比较完整的态度体系。

2. 间接性

态度是一种内在的心理体验，它虽然具有行为倾向但并不等于行为本身，

所以职业态度本身不能直接观察到，而是表现在言论、表情及行为中。

3. 稳定性

态度一旦形成，将持续一段时间而不轻易改变，成为个性的一部分。在行为反应模式上表现出规律性，有利于从业者的社会适应。所以，思想教育和思想引导工作，最好在职业态度还不稳定的阶段进行。

4. 价值性

价值性是职业态度的核心。人对某一事物所持的态度，主要取决于该事物对其意义的大小。面对同一事物，不同人的态度有所不同，这取决于人的需要、兴趣、信念、世界观等多种因素。

5. 指导性

职业态度是对一个人职业的、内在的、稳定的心理预期和准备，对职业行为具有指导性和动力性影响，决定其行为的方向、方式和结果，同时职业态度直接制约着其职业水平的发挥。

6. 协调性

态度所包含的认知、情感、意向这三种心理成分常常是协调一致的。有什么样的认知，就会产生什么样的情感以及与之相适应的行为倾向。认知因素是态度的基础，因此思想工作一般都是以讲道理开始来改变一个人原有的态度，继而促使其情感的形成并产生新态度。

二、高职生职业态度的培养策略

（一）职业观念的转变

1. 树立正确的职业价值观

要帮助高职生树立正确的职业价值观，使其正确看待职业差别。摒弃传统的"重脑轻体"和"服务行业低人一等"的观念，摒弃拜金主义、实用主义和利己主义的价值标准。要结合政治课教学，向高职生宣传职业道德，宣传该职业的社会价值，宣传职业价值在于造福社会，从而使高职生正确对待职业差别，热爱自己即将从事的职业。

2. 树立正确的职业目标观

帮助高职生树立正确的职业目标观，使其立足本职岗位建功立业。高职院校的许多学生由于在升学考试中遭受挫折，无奈就读于高职院校，他们往往缺乏明确的职业追求。为此，要加强对高职生的思想教育，宣传"三百六十行，行行出状元"，"只有没出息的思想，没有没出息的工作"的道理，帮助他们驱散笼罩在心头的"灰色阴云"，鼓励他们确定自己的职业目标，争取在不久的将来在本职岗位上建功立业。高职生在思想上有了明确的目标，行动上才会有良好的表现。

3. 树立正确的职业角色观

帮助高职生树立正确的职业角色观，使其寻找到竞争和道德的最佳结合点。要引导高职生划清竞争进取、开拓创造与投机取巧、搞歪门邪道的界限，使其追求自身德、才、学、识整体素质的提高，坚决克服为追求个人功名利益而不择手段的极端个人主义，使每个高职生都能正确选择并主动进入德才兼备者的角色。

（二）职业心态的培养

1. 阳光心态

阳光心态不是得意的心态，而是一种不骄不躁、处乱不惊的平常心态。要有决心，决心是最重要的积极心态，它能决定我们的命运。另外，凡事都应主动，被动不会有任何收获。被动就是将命运交给别人安排，是消极等待机遇降临，一旦机遇不来，他就没办法。

2. 共赢心态

共赢的本质就是共同创造、共同进步，共赢是团队的内在气质。共赢强调发挥优势，尊重差异，合作互补。个人完不成的事业，团队可以完成。团队协作的收获往往要超过团队各成员单独努力所获得的简单累加，超出的部分就是协作的超值回报。

3. 空杯心态

只有把水倒出来，才能装更多的水。空杯心态就是挑战自我，永不满足；空杯心态就是自我的不断扬弃和否定；空杯心态就是不断清洗自己的大脑和心灵；空杯心态就是不断学习，与时俱进。

（三）加强职业指导

1. 教育培训指导

由于系统的科学知识在职业劳动中所起的作用越来越大，高职生要适应职业劳动的需要就必须借助系统的学校教育。

面对工业化生产条件下日益多样和复杂的社会职业，学校教育开始发挥选择、分配社会成员职业的作用。教育资历的高低，可以影响个人不同的职业层次；学校与专业的选择，可以规定个人职业选择的范围。正如日本学者所概述的那样"现代学校作为实施广义职业教育以及适应职业制度需要选拔人才的最有力的社会机构，发挥着它的功能"。在工业化程度较高的国家都十分注重发挥学校的职业指导作用。

2. 生涯规划指导

职业生涯规划是现代人必备的人生计划与安排。职业生涯规划又称职业生涯设计，是指个人与组织相结合，在对一个人职业生涯的主客观条件进行测定、分析、总结的基础上，对其兴趣、爱好、能力、特点进行综合分析与权衡，并结合时代特点和被规划者的职业倾向，确定其最佳的职业奋斗目标，并为实现这一目标做出行之有效的安排。该规划具有持久性、稳定性和调整性等特点。高职生要根据职业认知和自己的实际情况，制定出一份属于自己的职业规划。

高职院校则应从高职生一入学开始，就加强高职生的职业规划教育和指导，将此类课程列入正常的教学计划，伴随学业始终。高职院校要坚持集中授课指导与个别辅导相结合，积极运用最新的心理学职业倾向测试工具，对每一名高职生进行职业倾向测试，掌握他们的秉性、特长、兴趣和爱好。据此开展针对性的指导，使指导工作更具科学性、合理性，更符合高职生个体的实际。建立学生成长档案，分析高职生的优势与不足，帮助高职生摆正心态，使其切勿好高骛远，不切实际。

3. 咨询服务指导

目前，全国各地开展了对求职者和用人单位的职业指导工作，建起了职业指导室，配备了职业指导员，在职业介绍的过程中，增加了职业指导的程序，希望通过职业指导，使就业服务工作更有效果和效率。咨询服务指导包括：提供职业咨询，开发职业潜力；引导树立正确的就业观念和用人观念；指导设计职业生涯；提高求职和招聘用人技巧。高职生可以利用职业指导技术帮助自己转变就业观念，了解自我，了解职业，以更加理智的态度去择业。

（四）营造良好的环境氛围

1. 学校

学校应重视隐性教育，即通过无意识的心理活动与有意识的心理活动协同进行教育。高职院校的气氛、结构以及组织会影响高职生的态度和行为，而隐性教育实际上是注重校园文化内涵的建设，包括价值观念、情感气质、思维模式、活动形势等难以用文字或符号描述的内容。

隐性教育是职业态度教育应该重视的一个非常重要的方式。校园的隐性文化会逐渐影响高职生的观念，制约高职生的行为习惯。高职生在对校园环境的解读、理解中获得新的生活经验，产生意义的重构，从而使校园环境中所富有的客观精神转化为高职生个体的主观态度。

2. 家庭

优化家庭环境，为高职院校学生职业价值观教育提供良好的家庭氛围。家长作为子女成长中的导师和灵魂的奠基人，要想充分发挥其言传身教的作用，必须不断提高他们的思想道德、科学文化等方面的素质。转变其教育理念使家庭教育行为、教育方法从注重知识的灌输，向注重培养与塑造人的健全完整人格，具有良好人文素质与涵养的方向转变。

家长应该从社会对人才的需求出发，加强对子女的教育，引导他们确立适应市场经济发展的职业态度，克服择业过程中的盲目性，树立恰当的职业期望；引导子女把个人的需要和自身价值的实现同社会需要联系起来。家长要积极配合学校、社会，使三者达到最大合力，共同培养高职生的职业态度。

第五节 高职生职业道德培养

一、职业道德

（一）职业道德的界定

良好的职业道德形成是通过长期教育和职业实践的结果，一个从业者只有学会"做人"的道理，才能规范自己的职业行为。职业道德教育不仅要传授一个较系统的知识体系，更重要的是使个体形成一种职业道德的信念以及与此相适应的行为方式、生活方式。每个从业人员，不论是从事哪种职业，在职业活动中都要遵守职业道德。职业道德的含义主要包括以下方面：

①职业道德是一种职业规范，受社会普遍的认可；

②职业道德是长期以来自然形成的；

③职业道德没有确定的形式，通常体现为观念、习惯、信念等；

④职业道德依靠文化、内心信念和习惯，通过员工的自律实现；

⑤职业道德大多没有实质的约束力和强制力；

⑥职业道德的主要内容是对员工义务的要求；

⑦职业道德标准多元化，代表了不同企业可能具有不同的价值观；

⑧职业道德承载着企业文化凝聚力，影响深远。

（二）职业道德的基本规范

在新时期，社会主义职业道德基本规范的内容更加丰富，更具有针对性。从共性的角度说，主要包括爱岗敬业、诚实守信、办事公道、服务群众、奉献社会等几个方面。

1. 爱岗敬业

爱岗敬业就是要热爱本职工作，忠于职守，精通业务，积极钻研，勇于创新。

2. 诚实守信

诚实守信就是要诚实无欺，信誉第一，不搞假冒伪劣，不追逐不义之财。

3. 办事公道

办事公道就是要客观公正，不徇私情，公私分明，不占便宜，公平合理，一视同仁，公道正派，平等竞争。

4. 服务群众

服务群众就是要真心实意、设身处地为服务对象、为产品的使用者着想，做到礼貌待人，热情周到，讲究质量。

5. 奉献社会

奉献社会就是在职业生活中，要抛弃那种单纯为谋生、谋利而从业的态度，拒绝那种有损社会的行为，时时以是否有益于社会作为检验自己职业行为是否正当、合宜的标准。

二、高职生职业道德的培养策略

（一）树立科学培养理念

高职教育培养的是现代职业人，不是机器人式的熟手技工。高素质的高职生既要有能力，还要有道德，不只会机床数控，还应该懂得团队协作，甚至略通天文地理。高职生在接受高职教育的过程中，不仅仅要学习技术，还要学会正确对待自然、正确对待社会、正确对待他人以及正确对待自己。因此，肩负教育功能的高职院校有责任把目光聚焦在如何培养一个德才兼备的完整的职业人上。

现代社会日益开放，面对来自多种途径的庞杂信息和各种是非难辨、似是而非的思想价值观念，高职院校职业道德教育必须正视道德冲突，解决道德困惑，从根本上寻求解决问题的办法。职业道德教育的重点应从传授道德知识和灌输现有结论，转移到让高职生掌握"批判的武器"，培养高职生敏锐的道德观察能力，加深其对职业道德原则的理解，培养高职生的道德判断能力和选择能力，教会高职生形成正确的职业道德取向，培养高职生形成解决道德冲突问题的思维框架和思维方式，使他们能以自己的道德鉴别、道德判断、道德选择能力去应对

千变万化的社会生活。

（二）建立合理培养模式

任何人的职业道德理想、职业道德品质、职业道德习惯、职业道德修养等都不是在短期内形成的，而是要有一个过程，仅靠某一段时间的教育难以达到目的。

职业道德人格培养应渗透在思想政治教育过程中，在不同的阶段，由浅入深，由宽泛到系统。例如，在新生入学之后的思想道德修养课的教学中，注意将一些成功的典型事例引入教学内容，把职业义务、职业良心、职业纪律、职业公正、职业信誉的相关内容融入各章的教学中去，使高职生对这些问题有初步的认识。在二年级的心理健康教育中，注重培养高职生的独立性、创造性和探索精神，以及如何应对挫折、调整情绪、锻炼意志品质。在三年级高职生中系统讲授有关职业道德的理论知识。职业道德人格作为职业人格的重要内容，与各学科、各专业业务是紧密相连的，各门学科或专业课在本学科发展中总是体现了某种道德和职业道德精神。

因此，要把职业道德人格培养落到实处，高职院校必须在全体教职工中树立"职业道德教育全方位、全过程渗透"意识，并从教学计划、课程大纲、教学内容、教学模式等方面给予贯彻落实。

（三）营造和谐发展氛围

人是社会环境的创造者，又是社会环境的产物，这对矛盾的运动推动着人和社会的共同发展。从人是社会环境的产物来讲，人的一切都离不开社会环境，职业道德的培育也是如此。职业道德的培育离不开社会环境的整治和优化，这一方面是因为良好的社会环境为职业道德的培养提供了广阔的天地，另一方面，良好的社会环境对职业道德的培育起着强有力的推动作用。

因此，我们要正确地认识环境、科学地利用环境、积极地优化环境，从物质、精神、情感等方面建立对高职生的激励导向机制，营造高职生成长的良好环境，为高职生成长为道德健康的高技能人才提供平台和机会。

（四）确立德才并重导向

一个既具有极高思想境界，又能高超地将科学转化为生产技术的劳动者，才是社会特别需要的高级人才。作为高技能人才，不仅要有较强的动手能力和实践能力，既能动手又能动脑，有较强的现场适应能力，"一专多能"，还要有很高的职业素质和敬业精神，具备安于一线工作的意识和素质，有高度的社会责任感和服务意识、艰苦创业的意识、企业的主人翁意识、立志岗位成才和终身学习的意识，要吃苦耐劳，乐于奉献，愿与工农打成一片，热爱本职工作，对本专业工种有着浓厚的兴趣和深厚的感情，立足平凡岗位刻苦钻研技术业务，不惜克服重重困难去解决生产中的一个个难题，并注意在实践中不断探索、不断总结、不断积累、不断提高。合格的高技能人才是既有"能耐"也有"道德"的现代职业人，是德才兼备的完整的人。因此，要以德才并重为导向，促进高职生也成为这样的人。

（五）发挥示范激励作用

"示范群体以自己的言行举止有目的地影响公众的道德意识与道德行为，使公众在富有感染力与说服力的道德示范作用之下，自觉地接受与践行特定的道德规范要求。"理想的职业道德人格是按照职业原则和规范标准达到的一种完善的、高尚的职业道德品质和行为，具有广泛、持久、深刻的影响力和感染力。那种能充分表现出真、善、美的职业道德人格，可信、可亲、可爱、可敬，能为高职生提供道德学习范例，激发他们的情感共鸣，使他们产生模仿意愿。

一方面，加强对高技能人才职业道德人格示范群体的真实的提炼和宣传，大力弘扬高技能人才的社会责任感和服务意识、艰苦创业的意识、企业的主人翁意识、立志岗位成才和终身学习的意识，吃苦耐劳、乐于奉献的精神；另一方面，完善高技能人才职业道德人格培养发展的政策和制度保障，在高技能人才的考核和任用上，应当将是否有良好职业道德人格作为一个重要指标，把具有良好职业道德人格的人提拔到重要岗位，对缺乏职业道德人格者进行惩处。这样无疑会改变高职生的观念，对高技能人才的脱颖而出产生积极的推动作用。

参考文献

[1] 王滟明. 在哈佛听积极心理学[M]. 北京：中国华侨出版社，2012.

[2] 任俊. 积极心理学[M]. 上海：上海教育出版社，2006.

[3] 王登峰，崔红. 解读中国人的人格[M]. 北京：社会科学文献出版社，
2005.

[4] 叶浩生. 西方心理学研究新进展[M]. 北京：人民教育出版社，2003.

[5] 梁宝勇. 心理卫生与心理咨询百科全书[M]. 天津：南开大学出版社，
2002.

[6] 黄希庭，郑涌. 当代中国大学生心理特点与教育[M]. 上海：上海教育出版
社，1999.

[7] 马斯洛. 人性能达的境界[M]. 林方，译. 昆明：云南人民出版社，1987.

[8] 格罗斯. 情绪调节手册[M]. 桑标，马伟娜，邓欣媚，等. 译. 上海：上海
人民出版社. 2011.

[9] 高长松，赵科. 不同地区高职生父母教养方式与主观幸福感的关系研究[J].
保健医学研究与实践，2012(4)：11–13.

[10] 宫宇轩. 社会支持与健康的关系研究概述[J]. 心理学动态，1994（2）：
34–39.

[11] 郭伯良，张雷. 儿童退缩和同伴关系的相关[J]. 中国临床心理学杂志，
2004(2)：137–139.

[12] 郭小艳，王振宏. 积极情绪的概念、功能与意义[J]. 心理科学进展，

2007(5)：810-815.

[13] 郭玉斌，韩向前. 近年来国内青少年生活满意度研究概况[J]. 江西教育学院学报，2009(1)：35-38.

[14] 韩向前，江波，汤家彦，等. 自尊量表使用过程中的问题及建议[J]. 中国行为医学科学，2005(8)：763.

[15] 韩云萍，王跃，朱丽芬. 积极心理健康教育教学模式对高职学生心理素质的影响[J]. 中国健康心理学杂志，2010(7)：841-843.

[16] 朱金凤. 积极心理学视域下团体辅导对大学生自信心的促进性研究[D]. 临汾：山西师范大学，2014.

[17] 李海云. 90后大学生幸福感及其提升研究[D]. 武汉：华中师范大学，2014.

[18] 彭梅. 积极心理学视域下大学生心理健康教育研究[D]. 哈尔滨：黑龙江大学，2014.

[19] 程佳静. 从积极心理学的视域探究影响大学生心理水平的因素[D]. 上海：华东师范大学，2013.

[20] 赵海霞. 积极心理学视域下大学生人格与人际关系的关系研究[D]. 成都：四川师范大学，2010.

[21] 段海燕. 大学生坚韧性人格、社会支持及主观幸福感的关系研究[D]. 西安：西北大学，2010.

[22] 马先明. 大学生坚韧性人格、应对方式与心理健康的关系研究[D]. 苏州：苏州大学，2008.

[23] 乾润梅. 积极心理学及其在教育实践中的运用[D]. 武汉：华中师范大学，2006.

[24] 齐梓帆. 积极心理学视域下的学校心理健康教育新进展研究[D]. 西安：陕西师范大学，2015.